Werner Klose
Bis zum letzten Tag leben, lieben, lernen

Werner Klose

# Bis zum letzten Tag leben, lieben, lernen

Briefwechsel eines sterbenden Jugendlichen
mit seinem Großvater

Kreuz

# Inhalt

# Vorwort

Junge Menschen werden mit ihrer unbeantwortbaren Frage „Warum muß ich so früh sterben?" allein gelassen. Auch ich hatte keine Antwort darauf, als mein bester Freund nach einem langen Stück gemeinsamen Weges im Krieg neben mir gefallen ist. Für Patienten, gegen deren Krankheiten ich viele Jahre gekämpft hatte, mußte ich den Totenschein schreiben. Und das Schwerste war: Ich habe ein eigenes Kind verloren.

Nach diesen Begegnungen mit dem Tod, mit Thanatos, dem Sohn der Nacht, habe ich oft über das Sterben nachgedacht und viel Literatur über Sterben und Tod gelesen. Philosophen, Theologen, Mediziner und Psychologen erteilen mancherlei Ratschläge, wie man mit Menschen umgehen soll, die sich in ihrem letzten Lebensabschnitt befinden. Aber was die Betroffenen selbst tun können, wie sie sich selbst helfen können in dieser Situation, dazu habe ich nichts gefunden.

Der folgende Briefwechsel zwischen dem todkranken Enkel Michael und seinem Großvater soll dazu helfen zu erkennen, wie die letzte Phase des Lebens lebenswert gestaltet werden kann. Er will dazu anregen, alle noch erreichbaren Möglichkeiten aktiv auszuschöpfen. Und nicht zuletzt sollen diese Briefe hinweisen auf die große Freiheit des Denkens, Fühlens und Handelns, die gerade Sterbenden eröffnet ist. Sterben, so meine Überzeugung, ist ein Teil unseres irdischen Lebens; es verlangt uns Realitätssinn, Vernunft und Toleranz ab, vor allem aber: Hoffnung.

Werner Klose

## 1. Brief

*Hallo Opa,*

*Du, ich brauche Dich, es geht mir schlecht. Vor wenigen Wochen haben mir die Ärzte gesagt, daß ein Tumor in mir wächst, der schon Töchterge- schwülste gesetzt hat. Eine Operation ist sinnlos.*

*Nun weiß ich, daß ich bald sterben muß.*

*Bisher haben mich die Ärzte nur hingehalten. Warum ist in diesem Beruf der Mut zur Wahrheit nicht Gesetz? Viel Zeit bleibt mir nun nicht mehr, um über das Sterben, mein Sterben, nachzuden- ken.*

*Ich möchte wissen, ob das Leben einen Sinn hat, ob es einen Gott gibt und ob nach dem Tod noch etwas kommt. Natürlich will ich auch wissen, warum gerade ich so früh sterben muß.*

*Bei diesen Fragen habe ich gemerkt, daß ich das Sterben nicht allein schaffe. Meine Eltern können mir nicht helfen. Sie meinen es sehr gut mit mir; aber sie haben Angst. Sie weinen, nicht weil ich* sterbe, sondern weil sie mich bald nicht mehr haben werden.

Unser alter Pfarrer kümmert sich rührend um mich, aber helfen kann er mir auch nicht. Seine Antwort auf alle meine Fragen ist: Glaube an Gott, glaube an Jesus Christus, der für uns Menschen gestorben ist, und glaube an die Gnade Gottes. Aber ich kann doch nicht an die Gnade eines Gottes glauben, der zuläßt, daß in mir dieser Tumor wächst.

Der Buchhändler meines Vaters hat mir viele Bücher über den Tod und das Sterben besorgt. Geholfen haben sie mir nicht. Es steht viel darüber drin, wie man mit Sterbenden umgehen soll, aber nichts darüber, was man selbst tun kann. Das weiß wohl keiner!

Da bin ich zu den Göttern der Griechen geflohen, von denen ich in der Schule schon so viel gehört habe. Ich dachte, die wären zuständig für Ratschläge an Sterbende. Diese Götter sind toll! Ich habe viel gelacht. Sie haben mich wohl abgelenkt, aber ich habe nur gelernt, daß Unsterblichkeit schlimmer ist als Sterben.

Danach habe ich das Fragen erst einmal aufgegeben und mir gesagt, Du lebst ja noch. Was in mir los ist, welche Fragen ich habe und was in mir geschieht, habe ich meiner Freundin Beate erzählt. Sie war sehr lieb. Sie wollte mit mir schlafen.

Du, Opa, wenn das Paradies so schön ist wie diese Zärtlichkeiten, dann ist alle Angst vor dem Sterben Unsinn. Aber — vielleicht weißt Du, wie das ist — es klappte nicht.

Warum hat Gott mir nicht einmal das mehr gegönnt? Der liebe Gott ist wohl nicht immer lieb!

8

Und nun, mein erfahrener Großvater, komme ich zu Dir. Du hast noch nie zu mir gesagt, das verstehst Du nicht. Oft habe ich Dinge von Dir gehört, die mich zum Nachdenken gebracht haben. Kannst Du mir nicht zu meinem 18ten Geburtstag, zu meinem sicher letzten Geburtstag, einige erklärende Gedanken über den Tod und über das Sterben schenken! Aber sage es bitte ganz einfach, und komme mir nicht mit Deinen Philosophen, von denen ich nichts verstehe.

Es wäre toll!


Dein Michel


•

2. Brief

Mein lieber Michel,


von Deiner Krankheit habe ich natürlich gewußt. Deine Eltern und der Arzt hatten aber Angst davor, Dir zu sagen, wie es wirklich um Dich steht. Auch mir hat der Mut dazu gefehlt.
Es ist mir nun leider unmöglich, Deinen Geburtstagswunsch zu erfüllen, Dir eine Erklärung des Todes und des Sterbens zu geben.
Da aber Großväter zum Verwöhnen ihrer Enkel auf der Welt sind, will ich es dennoch versuchen, aber Du, mein kluger Fragender, mußt mir dabei helfen.
Mit der heute möglichen Therapie bösartiger Krankheiten, Du weißt selbst, wie quälend sie oft ist, kann man das Leben verlängern. Es bleibt uns

9

noch Zeit. *Deine und meine Lebensphase sind sich ähnlich. Wir befinden uns im letzten Abschnitt des uns geschenkten Lebens. Dir sagt es Dein Tumor und mir mein Alter und mein oft stolperndes Herz, daß wir uns der Grenze unserer Lebensmöglichkeit nähern. Die Zeit, die vor uns beiden liegt, scheint fast gleich zu sein, aber die Zeit, die hinter uns liegt, war sehr unterschiedlich. Wenn ich auf mein langes Leben zurückblicke, sehe ich viele unerklärbare Ereignisse, ich habe sie Wunder genannt, die notwendig waren, um so alt zu werden. Wenn Du auf Dein so kurzes Leben zurückschaust, wirst Du die unbeantwortbare Frage stellen: „warum geht mein Leben so früh zu Ende?"*

*Eine Erklärung gibt es für uns beide nicht. Obwohl mein Leben länger dauerte, ist Dein Leben vielleicht intensiver. Am Ende des irdischen Lebens merkt man, nicht die Dauer, nur die Dichte des Lebens ist entscheidend.*

*Aber nun, mein Junge, an die Arbeit! Wir wollen den Sterbenden helfen. Wir wollen ihnen Ratschläge geben, wie sie sich in der Extremsituation des Sterbens verhalten sollen, und wir wollen Deine Fragen nach Gott, nach dem Sinn des Lebens und nach dem Jenseits mit unseren bescheidenen Möglichkeiten untersuchen. Du hast mir geschrieben, ich solle Dir nicht mit meinen Philosophen kommen. Aber diese klugen Köpfe haben alle über Deine Fragen nachgedacht, allerdings mit wenig Erfolg.*

*Wenn wir zwei Amateure uns an solche Überlegungen heranwagen, dann werden wir die Herren Philosophen wohl öfter zu Rate ziehen müssen. Ich will es Dir aber ersparen, Namen oder Zeitangaben zu nennen, wenn ich Dir von der Weisheit eines solchen Denkers berichte.*

*Um einem Sterbenden zu helfen, muß man ihm zuerst seine Situation veranschaulichen.*

*Stelle Dir, Michel, einen Weg vor, auf dem von der einen Seite ein Mensch und von der anderen Seite der Tod aufeinander zugehen. Dieser Weg ist für den Menschen ein Stück seines Lebensweges. Wenn der Mensch den ihm entgegenkommenden Tod erkennt und wie gebannt, voller Angst, auf ihn schaut, vergißt er, daß er lebt. Läßt er sich aber nicht erschrecken und setzt sein bisheriges Leben, so gut es möglich ist, fort und lebt intensiver, dann kann er ihn ein Stück des Weges übersehen. Deshalb, mein lieber Enkel, ist mein erster Ratschlag: Setze Dein bisheriges Leben mit Deinen Freunden, den Eltern, der Schule, mit Deiner Beate und mit Gesprächen und Diskussionen fort.*

*Überlege Dir, daß jedes Lebewesen den höchstmöglichen Stand in der bestmöglichen Vollkommenheit erreichen will. Das Samenkorn in der Pflanze, die Blüte in der Frucht, das Tier in der vollendetsten Form seiner Gattung und der Mensch in der weitgehendsten Auswertung seiner Fähigkeiten.*

*Wenn die Zeit knapp ist, wie bei uns, muß man sie voll nutzen. Nehmen wir in der uns verbleibenden Spanne alle unsere Fähigkeiten zusammen, um eine Antwort auf Deine Fragen zu finden. Zuerst müssen wir in unsere Gedanken Ordnung bringen. Hierzu der Vorschlag eines ganz klugen Denkers. Dieser Mann würde Dir gefallen, er war Reiter, Fechter, Mathematiker, Spieler, Politiker, Liebhaber und Trinker. Um solche Aufgaben, wie wir sie uns vorgenommen haben, zu erfüllen, hat er gefordert: „Gliedere jedes Problem in seine Teilfragen und beginne mit dem Einfachsten, um zu dem Schwersten vorzustoßen."*

11

*Deine erste Teilfrage: Ich sehe den Tod vor mir, ich
habe Angst, wer kann mir helfen?*
*Sehen wir uns die Menschen an, die Dir helfen kön-
nen. Die Eltern, der Arzt, der Pfarrer, Deine Beate,
der Großvater und vielleicht die Götter der Griechen oder die Philosophen.*
*Deine Eltern:*

> *Dein ganzes bisheriges Leben haben sie geleitet
> und beschützt, sie geben Dir Dein Zuhause,
> Deine Geborgenheit, sie sorgen dafür, daß alle
> Möglichkeiten, Deine Krankheit zu bekämpfen,
> ausgeschöpft werden und sie sind immer für
> Dich da.*
>
> *Du, all das ist nicht selbstverständlich. Denke
> darüber nach.*

*Der Arzt:*

> *Er steht an vorderster Front. Mit allen Möglich-
> keiten der medizinischen Wissenschaft kämpft
> er gegen den Feind, der sich in Dir ausbreitet. In
> Büchern, Medizinischen Zeitschriften, bei Kon-
> gressen und aus seiner eigenen Erfahrung sucht
> er nach neuen Waffen. Alle seine Mittel und
> Kenntnisse setzt er bei Dir ein. Er gibt nie auf.*

*Der alte Pfarrer:*

> *Er zeigt Dir den Gott, an den er glaubt. Er ver-
> sucht, Dich der Religion, der Kirche wieder
> näher zu bringen. Er lebt Dir vor, daß der Glaube
> an Gott die größte Geborgenheit bietet und die
> sicherste Methode ist, die Angst abzuschütteln.
> Vielleicht sagt er Dir auch, wie schwer es ist zu
> glauben. Er betet für Dich zu seinem Gott und
> zeigt Dir, daß gegen den Glauben der Atheismus
> nur eine Leere setzen kann.*

*Deine Freundin Beate:*

> *Dein „Du", die Zärtlichkeit, mein Junge — wie
> schön, auf Deinem letzten Lebensabschnitt ein*

*Anfang —, ist wichtiger als das, was Dir nicht
mehr vergönnt ist. Das „Du" hat bis zum letzten
Tag auf dieser Erde eine ganz große Bedeutung.
Die Vertrautheit, die Ihr haben werdet, gibt Dir
die Fähigkeit, über alles, auch das sonst tief in
Dir Verborgene, zu sprechen.*

*Dein Großvater:*

*Der läuft außer Konkurrenz, da er mit Dir zu-
sammenarbeitet und sucht.*

*Der Olymp, die Götter der Griechen:*

*Diese so menschlichen Götter sind ausgestattet
mit vielen Fähigkeiten, die sich die Menschen
wünschen. Eine Gottesvorstellung, die bei vielen
Denkern wiederkehrt. Aber die Gedanken der
Olympischen über das andere Ufer, das Jenseits,
die Unsterblichkeit oder den Tod, die dürfen wir
nicht auslassen.*

*Die Philosophen:*

*Auf der einen Seite die, welche einen Weg zur
Wahrheit gesucht haben und zum Schluß bei
Gott, auch wenn sie ihm andere Namen, z. B. das
Absolute geben, Zuflucht fanden.*

*Auf der anderen Seite jene, die Metaphysik —
das ist der Versuch, über unsere Wirklichkeit
hinauszudenken, unser Woher und Wohin zu
erkennen — für Geschwätz halten. Für die
unsere Ethik, die Religionen und die Psychologie
Mißgeburten sind, und für die Moral eine lebens-
feindliche Fiktion ist.*

*Sie alle haben über Deine Fragen nachgedacht.
Wir beiden „Nachdenker" sollten nicht so über-
heblich sein, ihre Hilfe abzulehnen.*

*Nun, Du Mann Michel, lebe Dein Leben wie bisher
weiter und nimm dazu die Aufgabe, über unsere
Fragen nachzudenken.*

*Beginne mit dem Punkt 1 und frage Dich, ob Dir* 13

Deine Eltern nicht doch helfen. Wenn ich aus der heutigen Sicht eines alten Mannes an meine Eltern zurückdenke, würde ich mich so gerne bei ihnen bedanken, was ich früher leider versäumte.

Schreibe bald von Deinem Leben und von Deinen Gedanken.

Schlafe gut, Schlafen und Träumen ist auch Leben.

Dein Großvater

•

3. Brief

Lieber alter Sophist!

Staune über diesen Namen für Dich. Die Idee stammt natürlich nicht von mir, sondern von Usus, meinem Geschichtslehrer. Diesem Usus — in der Schule weiß man kaum noch wie er richtig heißt — habe ich Deinen Brief gegeben. Er hat sich zum Lesen viel Zeit genommen, hat mit dem Kopf gewackelt, anerkennend genickt und gesagt: „Diesen Brief könnte ein Sophist geschrieben haben!" Natürlich mußte er mir erklären, was ein Sophist ist. Zwei Eigenschaften habe ich mir gemerkt: Sophisten sind ein intelligentes Wandergewerbe und sie sind Schwätzer. Bitte sei nicht beleidigt.

Dieser Usus ist ein phantastischer Mann. In der Schule haben wir ihn immer geärgert, obwohl wir sein enormes Geschichtswissen bestaunt haben.

14    Heute, nach dem Lesen Deines Briefes hat er

mich, ohne einen Unterton von Mitleid, angesehen und wie nebensächlich gesagt: „Komme morgen abend zu mir, dann möchte ich Dir meine Welt zeigen."

Erstaunt habe ich ihn gefragt: „Haben Sie eine eigene Welt?" Er hat gelächelt: „Ja, ich lebe allein mit Büchern und meiner Vernunft, nur so kommt man der Wahrheit näher." „Das verstehe ich nicht." „Warte ab bis morgen, dann erkläre ich es Dir."

Jetzt bin ich richtig gespannt und freue mich.

Nach Deinem Brief hatte ich zuerst eine Stinkwut. Ich erwartete von Dir einen Beweis, daß es einen Gott gibt. Außerdem habe ich angenommen, daß Du als Arzt so gute Beziehungen zum Jenseits hast, daß Du es beschreiben kannst. Ob die Seele weiterlebt, im Paradies oder in einem anderen Lebewesen nach der Seelenwanderung, wollte ich wissen.

Dann habe ich Deinen Brief noch einmal gelesen. Nun finde ich den Vorschlag, daß wir zwei aus unserem alltäglichen Leben heraus nach Antworten suchen sollen, toll. Und Opa, ich habe ein paarmal laut „Scheiße" geschrien und auf meinen Bauch, meinen Tumor geschlagen. Aber dann habe ich gedacht, der Alte hat recht. Wenn man bald stirbt, muß man leben wollen.

Zwei Wochen war ich nicht mehr in der Schule. Faulheit, Lustlosigkeit und die Frage, wozu noch Schule, haben mich von meinem guten Vorsatz abgehalten.

Nach Deinem Ratschlag, führe dein bisheriges Leben fort, bin ich heute hingegangen. Ich habe sogar, nun lache bitte nicht, eine Mathe-Arbeit mitgeschrieben. Meine Klassenkameraden waren wie üblich aufgeregt. Aber ich habe nur daran 15 gedacht, daß mir nichts mehr passieren kann. Das Resultat, welches mir in Mathe bisher noch nie gelungen ist: ich konnte alle Aufgaben lösen. Nach der Schule bin ich mit meinem Freund Peter, Eis essen gegangen. Natürlich haben wir über meine Krankheit gesprochen. Er fand meine Haltung großartig. Quatsch! Ich habe ihm erzählt, daß mein Großvater und ich gemeinsam Antworten auf die Fragen suchen wollen, die wohl für jeden in meiner Lage Bedeutung haben. Fußball, Tennis, Schwimmen, Skifahren, alles geht nicht mehr. Da hat Peter was von Wundern gemurmelt. Ich habe an Dich gedacht und ihm ganz klar geantwortet: „Auf Wunder, wie Du sie Dir vorstellst, warte ich nicht." Mein ganz persönliches Wunder, ab sofort die Zeit zu nutzen, intensiv zu leben und zu denken, hat heute begonnen.

Das Eis ist mir nicht bekommen; mir ist wieder übel. Das hält mich nicht davon ab, mit unserer Arbeit zu beginnen. Zu Deiner ersten Teilfrage: meine Eltern. Als ich darüber nachdachte, was Du von den Hilfen der Eltern geschrieben hast, kam ich darauf, daß ich alles, was sie mir gegeben haben als selbstverständlich hingenommen habe. Ich habe mich gefragt, kenne ich denn meine Eltern überhaupt? Nun wollte ich mehr wissen. Deshalb bin ich, ohne anzuklopfen, wie es bei uns sonst üblich ist, ins Arbeitszimmer meines Vaters gegangen.

Er saß wieder hinter seinem Schreibtisch vor der großen Bücherwand. In der anderen Ecke sein Computer, und in der Mitte des Zimmers ein Bil-lardtisch, sein Spielzeug. Die Familie hat immer gelächelt, wenn er mit Billard die Kunst der Präzi-sion erproben wollte.

16    Vor meinem Vater habe ich mich aufgebaut, die

Hände auf den Schreibtisch gestützt — wahrscheinlich habe ich komisch gewirkt — und einfach gefragt: „Du bist doch Physiker? Viele Philosophen waren Physiker, was wollen sie mit der Metaphysik? Was ist Metaphysik?"

So etwas hat mein Vater von mir noch nie gehört, und entsprechend erstaunt hat er mich angesehen.

„Metaphysik heißt nach der Physik. Bei den alten Griechen hat der berühmte Aristoteles zuerst die verstehbare Wissenschaft Physik gelehrt und danach über die Möglichkeiten eines Lebens nach dem Tode spekuliert. Ich, Michel, bin bei der Physik geblieben. Über das erkennbare, irdische Leben hinauszudenken, war erfolglos, ohne Ergebnis. Mit der Frage vieler Philosophen nach dem Woher und Wohin habe ich mich nie befaßt. Die Möglichkeiten des Menschen haben sich in unserem Zeitalter der Technik so enorm erweitert, daß der menschliche Verstand noch lange zu tun haben wird um alles, was in den so unvorstellbar größer gewordenen Räumen menschlicher Aktivitäten entstanden ist, zu verarbeiten. Also ist es Unsinn, über diese Grenzen hinausgehen zu wollen."

Nach dieser langen Rede hat mich mein Vater gefragt: „Was willst Du wirklich? Physik und meine Arbeit, das hat Dich doch nie interessiert."

Da habe ich mich auf den Schreibtisch gesetzt, früher hätte ich mich das nie getraut. Ich glaube, ich habe sogar gelacht: „Großvater hat behauptet, Du könntest mir in meiner beschissenen Situation helfen." Da kam die übliche Antwort: „Natürlich will ich Dir helfen, aber was kann ich für Dich tun?"

Todkranksein ändert unheimlich viel, und ich habe ohne Hemmungen meinem Vater gesagt, wie dumm es ist, an den Kranken so eine Frage zu stel-  17 len. Wenn man zum Arzt geht, will man Hilfe haben, aber nicht gefragt werden „Was machen wir denn da?“

Nun stand mein Vater auf und ging zum Billard-tisch: „Billard hilft mir immer. Um Billard zu spie-len, muß man sich so konzentrieren, daß man alles andere vergißt.“ Er legte die rote, glatte Billardku-gel in die Mitte des Tisches: „Mein Ziel, diesen Ball zu treffen, kann ich mit einem kurzen, fast zarten Stoß erreichen, das ist sehr einfach.“ Er machte es mir vor. „Aber nun kann ich, um zu demselben Ziel zu kommen, auch einen langen, komplizier-ten Weg suchen.“ Er stieß die Kugel so raffiniert, daß sie erst drei- oder viermal die Bande berührte, um dann doch exakt das Ziel zu treffen. Dann hat er mir das Spiel erklärt. Zwei weiße und ein roter Ball, der Stab, und die Spielregeln. Er hat sich rich-tig in Begeisterung hineingeredet, wohl um mich zu überzeugen, wie gut es für mich wäre, damit anzufangen. Ich habe abgewehrt: „Dazu habe ich keine Zeit mehr! Nur nachdenken kann ich dar-über. Dieser Billardball kann nur so laufen, wie der Stoß es bestimmt. Für mich bleibt also nur der kurze Weg.

Mein Alter hat mich da wohl für etwas blöd gehal-ten und nur gemurmelt: „Das Stück, das die tech-nische Entwicklung uns den Göttern näher gebracht hat, genügt mir vollkommen.“ Ich glaube, er hat recht. Faust mußte seine Seele an den Teufel verkaufen, um das zu erreichen, was für uns schon fast selbstverständlich ist. Und Du, Opa, hast auch recht. Geholfen werden kann nur dem, der sich helfen lassen will.

Zum Schluß noch eine Frage: Wenn unser Weg so vorbestimmt ist wie der Lauf des Billardballes, was bleibt dem Menschen dann noch übrig, selbst

zu gestalten? Hast Du auf Deinem langen Lebensweg nur das erlebt, was für Dich vorgesehen war
oder hast du wenigstens Teile Deines Lebens nach
Deinen Wünschen selbst gestaltet? Können wir
zwei jetzt noch etwas ändern?
Gut, daß ich mit Dir auf diesem Weg einen Begleiter habe.

Gute Nacht, Dein


Michel


•

Du Scholastiker,

das ist ein noch studierender Priesterkandidat,
von dem man noch nicht weiß, ob er wirklich Priester wird oder, wie Dein Usus mich genannt hat,
ein Sophist, ein Schwätzer. Dieser Usus — bei mir
hat er mit dem Schwätzer recht — gehört sicher
auch zu den Menschen, die Dir helfen können.
Wer fragt, wie Du, hat nachgedacht und keine Antwort gefunden. Wer gefragt wird, wie ich, muß
nachdenken, um eine Antwort zu suchen. Der
Anstoß, der einem Billardball gegeben wird,
bestimmt seinen Bewegungsablauf und seinen
Weg. Dagegen hat der Mensch eine Menge Möglichkeiten, in diesen Ablauf einzugreifen.
In meinem Leben ist vieles geschehen, was ich nur
erlebt habe, und manches habe ich selbst bestimmen und gestalten können. Die Werkzeuge, die mir
dazu zur Verfügung standen, Sinnesorgane, hand-
werkliche Fähigkeiten, Musikalität, Lernfähigkeit

19

oder Geist habe ich geschenkt bekommen. Aber von wem?

Für Dich ist es wichtig daran zu denken, daß man in seinem ganzen Leben nicht so viel selbst bestimmen kann wie während des letzten Abschnittes. Die geschenkten Fähigkeiten, die Werkzeuge, sind wesentlich intensiver einsetzbar im Rahmen der Freiheit, die man nur in der Extremsituation des Ausklangs voll nutzen kann.

Du hast mir von der Mathe-Arbeit berichtet, die Du ganz frei von Zwang und Angst schreiben konntest, und die, ohne die sonst üblichen Fesseln, wesentlich einfacher zu erledigen war. Du hast die Freiheit, mit Deinen Eltern, Lehrern, Freunden oder auch mit fremden Menschen ohne Rücksicht auf Folgen sprechen zu können. Die Dir bisher gesetzten Grenzen spielen keine Rolle mehr. In dem von Dir geschilderten Gespräch mit Deinem Vater hast Du diese Freiheit erstmalig genutzt.

Allerdings kann ich als Sophist, Dir, dem Lernenden, auch eine Erkenntnis der alten Griechen mitgeben: Freiheit ist die freiwillige Fügung in die göttliche Ordnung. Die Dir geschenkte Freiheit ist also nicht nur die Möglichkeit, zu handeln und zu reden ohne die Folgen beachten zu müssen, sondern auch das sich Fügen in das Schicksal, auch in einen frühen Tod. Frei bist Du nur, wenn Du innerlich frei bist, auch von der Angst vor dem was kommt.

Die kurze Antwort auf Deine Frage heißt: Der Teil Deines Weges, den Du nicht ändern kannst, sind Deine Krankheit, Deine Schmerzen und der Tod. Aber den anderen Teil dieses Lebensabschnittes den kannst Du, ja, den mußt Du selbst gestalten: aktiv leben, handeln, fragen, denken, auch lieben und lachen.

*Bitte Michel, schaue nicht nach dem Tode, denn solange Du bist, ist der Tod nicht und wenn der Tod ist, bist Du nicht mehr. Warum Angst vor dem Nichts?*

*Dafür, daß Du meine Vorschläge befolgt hast, danke ich Dir. Du bist in die Schule gegangen und Du hast darüber nachgedacht, wer Dir helfen kann. Du bist auf Deinen Vater zugegangen und hast schon bei diesem ersten Gespräch einige Dir bisher unbekannte Seiten Deines Vaters entdeckt. Du hast von ihm gelernt, und er hat Dich angeregt, darüber nachzudenken. Eine größere Hilfe ist kaum möglich!*

*Ich warte auf Deinen Bericht über Deine Mutter. Vergiß beim Nachdenken nicht Deine Beate und das Träumen.*

*Schlaf gut, Dein Großvater*

●

5. Brief

*Mein gestrenger Lehrer,*

*es ist schön, daß ich noch nicht wissen muß, ob ich Priester oder Schwätzer werden will; aber es ist wichtig jetzt zu wissen, daß ich noch etwas werden will, trotz meiner Situation.*

*Bevor ich Dir meine ,,Schularbeiten" vortrage, muß ich Dir von Usus berichten. Deinen Brief habe ich ihm gegeben. Ohne ein Wort zu sagen, hat er ihn zweimal gelesen und wie immer mit dem Kopf gewackelt. Dann hat er mir die Hand auf die Schulter gelegt und mich lächelnd angeschaut:* 21

„Deinem Großvater will ich helfen, Dir zu helfen. Hier hast Du den Schlüssel zu meiner Wohnung. Du kannst hingehen, wann und so oft Du willst. Vielleicht erkennst Du dort, daß man seine persönliche Freiheit mit vielen Einschränkungen bezahlen muß. Je mehr Dinge man nicht braucht, um so freier ist man."

Natürlich bin ich gleich in die Wohnung von Usus gegangen. Eine alte Frau hat sein Bett gemacht. Sie war gar nicht erstaunt, daß ich plötzlich neben ihr stand und hat ohne aufzusehen gefragt: „Hat er Dir einen Schlüssel gegeben?" Dann hat sie mich angeschaut und eigentlich nur gemurmelt: „Du siehst schlecht aus. Ich bin Berta und sorge dafür, daß er nicht verhungert. Dir stelle ich gleich was zu essen auf den Schreibtisch; dort ißt auch er immer."

Also, bis jetzt habe ich gedacht, daß kein Mensch so viele Bücher haben kann wie Du. Aber bei ihm stehen und liegen überall Bücher rum, sogar sein Bett steht mitten in einem Bücherregal. Daneben fallen noch eine Menge schöner Teppiche auf, die zum Teil übereinanderliegen. Aber auch auf den Teppichen findet man Bücherstapel. An den wenigen bücherfreien Wänden hängen viele, wohl sehr kostbare Bilder. In der gesamten Wohnung, Küche, Schlafzimmer, natürlich auch mit Bücherregalen, Wohn- und Arbeitszimmer findet sich nur ein einziger Tisch, der Schreibtisch. Auch dort Bücher, Hefte, Zettel, Notizen und eine freundliche Lampe. Berta hat rücksichtslos viele Zettel und einen Schreibblock auf einen Haufen gestapelt, um Platz für mein Essen zu machen. Auf eine dunkelblaue Decke stellte sie eine Kaffeekanne und selbstgebackenen Apfelkuchen. Seit langer Zeit hat mir nichts so gut geschmeckt.

22  Ich war in einer anderen, bisher völlig unbekann-

*ten Welt. Dieses Reich des Usus mit seiner ganz eigenen Atmosphäre habe ich versucht, zu erschnüffeln. In vielen Büchern habe ich geblättert, aber nur wenig verstanden.*

*Die alte Berta ist ein doller Gegensatz zur Geisteswelt des Usus. Aus Zeitungspapier hat sie Blumen ausgewickelt und in eine mit griechischen Göttern bemalte Vase gestellt. Ob sie arbeitet, hin- und herläuft, mich, die Blumen oder Bücher anschaut, immer spricht, oder besser murmelt sie dabei, und immer nur von ihm. „. . . hoffentlich stürzt er nicht gleich auf ein Buch und sieht die Blumen gar nicht. Ich habe ihm Linsensuppe gekocht, die ißt er so gern. Vielleicht nimmt er sich mal Zeit zum Essen. Meistens bringt er noch Bücher mit; wo sollen die denn alle hin? Für die jungen Kerle, wie Du einer bist, hat er immer Zeit. Aber sich einen neuen Mantel zu kaufen, das geht nicht. Er bleibt bei seinem alten, schäbigen, grauen."*

*Auf Usus' bequemen Schreibtischstuhl habe ich mich gesetzt und fast vergessen, wo ich war. Aber auch mein Problem habe ich vergessen.*

*Dann kam er selbst. Er hat die Blumen bemerkt, seine Bilder und die Teppiche angeschaut und ein Buch aus dem Regal genommen. Schließlich hat er sich auf den Schreibtischsessel gesetzt, den ich inzwischen geräumt hatte. Berta kam murmelnd, legte die blaue Decke auf den freien Platz der Schreibtischplatte und holte eine dampfende Suppenschüssel mit Teller und Löffel. An der Tür blieb sie stehen und schaute ihm zu, wie er offenbar zufrieden die Suppe löffelte. Sie sah aus, als ob sie glücklich wäre. Nach zwei Löffeln sagte er: „Prima, Berta", da ist sie sichtlich zufrieden murmelnd rausgeschlürft.*

*Lange Zeit haben wir kaum ein Wort gesprochen,* 23

bis mir Usus zugenickt hat: ,,Nun hast Du meine
Welt gesehen. Hier lebe ich voller Gelassenheit
und hier werde ich sterben."

Auf dem Heimweg kamen die Scheißschmerzen
wieder, ich hatte vergessen, meine Tabletten zu
nehmen.

Bei Usus habe ich gelernt, daß es wohl noch viele
mir unbekannte Welten gibt.

Zu Hause habe ich wieder an unsere Aufgaben
gedacht. Können mir meine Eltern helfen?

Mit meinen scheußlichen Schmerzen bin ich zu
meiner Mutter gegangen. Sie saß in unserem kleinen Wohnzimmer, Vater nennt es Wurstelzimmer
und hat gelesen. Wie immer sah sie mich liebevoll
an und sie stellte mir ein Glas Wein hin. Der Spät-
burgunder Weißherbst hat mir geschmeckt.

Du, Opa, dieses Zimmer mit alten Sesseln, einem
abgewetzten Teppich und einem kleinen Sekretär,
mit einer klapprigen Schreibmaschine, einer Fen-
sterbank mit vielen Blumen und dem zarten Duft,
der Mutter immer begleitet. Das ist, ich habe es
zum erstenmal bewußt empfunden, mein Zuhause.

Als Mutter ihre Hand auf meine legte, nahm ich ihr
Buch. Hölderlin! Sie hat mich ein bißchen ängstlich angesehen; als ich laut las: ... das neue, reine
Leben, das, wie ich glaube, die Gestorbenen nach
dem Tode leben. ...

Meine Mutter hatte wieder Tränen in den Augen.
Ich habe ihre Hand gestreichelt und gefragt:
,,Glaubst Du das auch?" Ganz leicht hat sie die
Schultern angehoben: ,,Das hat Hölderlin an seine
Mutter geschrieben, ich lerne es zu glauben."

Danach habe ich ihr von Usus erzählt, von der für
mich so neuen Welt.

24  Der rosarote Weißherbst machte mich benommen,

*als ich in das Glas schaute, hatte ich den Eindruck,
er lacht mich aus. Mutters klingende, dunkle
Stimme, manchmal ein bißchen bebend, hat uns
beide wie ein herbstlicher Abendwind umweht.
Wein, Zimmer, Stimmung, alles paßte zusammen.
Ja, lieber Großvater, es steht eins zu null für Dich.
Unser Haus, mein Bett, dieses Wurstelzimmer, die
Exaktheit meines Vaters, die Liebe und Verträumt-
heit meiner Mutter, das sind wirkliche Hilfen, daß
ich mich schäme, sie bisher nicht bemerkt zu
haben.
Es ist sicher falsch, auf diesem letzten Stück des
Lebensweges nur sich selbst zu bedauern, auch die
anderen haben es schwer und jammern nicht.
Langsam beginne ich zu begreifen, daß man auch
das sehen muß, was am Rande steht, das Zuhause,
die Geborgenheit, die Liebe, alle diese vielen
Dinge, die man nur erkennen muß. Dich, meinen
Weggenossen, brauche ich aber am meisten. Nächste Woche kommt meine andere Großmutter zu
uns. Auf sie freue ich mich. Warum gibt es bei Gott
und allen anderen Göttern keine Großeltern?
Hoffentlich bist Du mit meinen „Schularbeiten"
zufrieden.*

*Dein, wie Du mich genannt hast, Scholastiker*

*PS.: Vielleicht werde ich doch noch Priester.*

●

*Mein lieber Scholar,*

*das heißt schlicht Schüler. Ein Scholar braucht weder Priester noch Sophist zu werden, er soll nur überhaupt etwas werden. Wenn Du in unserer Schule weiter so gut bleibst wie bei der Erledigung der ersten Frage, dann wird wirklich noch etwas aus Dir.*

*Den ersten Gedanken für Sterbende hast Du nun verstanden, ich schreibe ihn dir noch einmal auf:*

Laß Dir helfen und versuche dabei Deinen Helfern zu helfen!

*Deine Frage, warum Gott und alle anderen Götter keine Großeltern haben, ist leicht zu beantworten. Alle Götter sind von ihrer scheinbaren Vollkommenheit überzeugt, so daß sie keine alten, manchmal sogar weisen Helfer brauchen. Nur der Teufel hat eine Großmutter. Vielleicht wird die Hölle dadurch menschlicher.*

*Aber Du weißt, unsere Zeit ist knapp, also an die Arbeit. Wie kann man sich in der letzten Lebensphase selbst helfen?*

*Die Reihenfolge die ich Dir vorgeschlagen habe, für die zu untersuchenden Personen, will ich etwas ändern. Nach Deinen Eltern sollte Dein „Du", die Liebe, kommen.*

*Ein Denker hat nach dem Wesen der Liebe gefragt, dazu gehört zuerst der Liebende. Er muß sich selbst bejahen und sich seiner Existenz so bewußt sein, daß er sagen kann: „Ich bin!"*

*Wir beide in unserer Extremsituation können das Wörtchen „noch" hinzusetzen. Auch das: „Ich bin noch", ist der Beweis meiner Existenz, meines Ichs,*

26 *meines Noch-Lebens. Der Liebende geht immer*

Laß Dir helfen und versuche dabei, Deinen Helfern zu helfen.

*auf den Geliebten zu und kann sich in ihm sogar selbst vergessen.*

*Wenn Du, ein Anfänger in der Liebe, Dich selbst in Beate vergißt, dann wirst Du, das klingt paradox, Dir Deiner selbst bewußt und Du beginnst, Dich selbst zu besitzen. Die Liebe, das will ich alter, mit der Liebe Vertrauter, Dir verraten, ist und bleibt immer ein Geheimnis. Auch der Tod ist ein Geheimnis; aber die Liebe ist größer.*

*Meine eben geschriebenen Sätze habe ich mir noch einmal durchgelesen. Verzeihung, der „Sophist" in mir war wieder nicht zu bremsen. Kurzfassung: Du liebst Beate. Dadurch vergißt Du Deine Krankheit, Deine Situation, vielleicht Dich selbst. Du erlebst das Glück — einer dieser Weisen hält das Glück für einen Gottesbeweis — und merkst dadurch, daß Du bist, daß Du lebst und als Steigerung liebst. In Eurer Gemeinsamkeit, in Eurem Wir steckt auch dein Leben.*

*Sage Deiner Beate einen Gruß von mir. Ich wünsche Euch, daß Ihr alle Nuancen der Liebe nutzt. Liebe gibt es in Worten und Tönen, im Erfühlen und im Erträumen, im Beieinandersein und im Aneinanderdenken.*

*Aber bildet Ihr Jungen Euch nur nicht ein, die Liebe sei nur für Euch da. Wir Alten verstehen auch etwas davon!*

*Nun denke mal darüber nach, wieviel Dir die Liebe hilft.*

*Gute Nacht, Dein Alter*

*Du, lieber Lebenskünstler,*

*wenn es stimmt, was ich bei Deiner Vitalität nicht glaube, daß unsere Lebenserwartung in etwa gleich ist, dann bist Du besser dran als ich. In Deinem, schon so viel längerem Leben hast Du gelernt über alles nachzudenken und besitzt einen Schatz der Erinnerungen. Im Gegensatz zu Dir fehlt mir die Erfahrung. Erinnerungen an wesentliche Dinge besitze ich nur sehr wenige. Folglich muß ich in dem jetzigen, kurzen Lebensabschnitt lernen, vor allem lernen zu leben.*

*Nachdem Beate Deinen Brief gelesen hat, zeigte sie mir ihr schönstes Lächeln, auch das war schon Liebe. „Dein Großvater hat recht", sagte sie, hat sich ans Klavier gesetzt und eine zarte Melodie gespielt. Du weißt, daß ich von Musik gar nichts verstehe, aber ich habe auf ihre wunderschönen Hände geschaut, an ihrem Nacken geschnuppert und habe mich von ihrer Stimme liebkosen lassen. Zwischendurch hat sie mir mit ganz wenigen Worten, wie: „Paß auf, das ist für uns komponiert" oder „das ist ein ganz zärtlicher Kuß für Dich" gezeigt, daß Dein großer Denker recht hat. Bei der Geliebten kann man sich selbst ganz vergessen.*

*Meinem „Freund" Usus, sowas kann ich jetzt von einem solch tollen Mann sagen, habe ich selbstverständlich Deinen Brief auch gegeben. Nachdem er ihn gelesen hatte, war er richtig traurig. „Siehst Du", sagte er, „so ein alter Hagestolz wie ich ist stolz auf seine eigene Welt, wird oft bewundert, vielleicht sogar beneidet und ist dennoch nur ein armer Kerl." „Alles was ich habe, ist nur ein schwaches Äquivalent zu der Liebe Deiner Mutter, Deines Vaters, Deiner Freundin und vielleicht sogar*

29

*des lieben Gottes. Aber Liebe, mein Junge, ist ein*
*Geschenk nur für eine kurze Zeit."*
*Damit hat er sicher meinen letzten Lebensab-*
*schnitt gemeint. Hoffentlich hast Du, lieber Opa,*
*auch Liebe um Dich. Von Dir habe ich gelernt, daß*
*man durch die Liebe die Angst verliert. Ich glaube,*
*die Liebe kann man dann erst richtig erfahren,*
*wenn man bald nicht mehr ist.*
*Aber jetzt muß ich Dir etwas ganz anderes erzäh-*
*len. Um aktiv zu sein, bin ich fast täglich in die*
*Schule gegangen. Als mich Beate einmal abgeholt*
*hat, haben wir Scholli, meinen Französischlehrer*
*getroffen. Scholli gehört zu dem Typ Pauker, bei*
*dem man nicht weiß, ob man über ihn lachen soll,*
*oder ob es nicht richtiger ist, ihn zu bewundern.*
*Als er das erste Mal in unsere Klasse kam, haben*
*wir natürlich versucht Klamauk zu machen. Der*
*echte Berliner hat gelassen reagiert: ,,Mit so wat*
*könn'se mir nich imponieren, wegen det bißchen*
*Gehalt, rege ick mir nich uf."*
*In der letzten Stunde vor den Ferien sollen die Pau-*
*ker uns etwas von sich erzählen. Scholli hat kleine*
*Begebenheiten aus dem Krieg berichtet. Als es*
*schon klingelte, sagte er noch: ,,Und jans zum*
*Schluß vom Kriege haben se mir noch zum Kompa-*
*niechef jemacht, jetzt wißt ihr endlich warum wir*
*den Krieg verloren haben." Schollis Eigenart ist es,*
*einen kleinen karierten Hut zu tragen, den er*
*außerhalb der Klassenzimmer wohl nie abgesetzt*
*hat. ,,Den Hut nehm ick ab, wenn Se wat jeleistet*
*haben."*
*Als wir bei Scholli standen, er gerade Beate begrü-*
*ßen wollte und mir zugenickt hatte, stürzte ein*
*ehemaliger Schüler auf ihn zu. Er wollte ihm offen-*
*sichtlich voller Stolz sein gerade erhaltenes Bun-*
30  *desverdienstkreuz zeigen. ,,Na, Herr Oberstudien-*

rat", sagte er strahlend, "wollen Sie nicht jetzt mal Ihren Hut abnehmen?" Scholli sah sich den Orden an, wog ihn in der Hand und dann kam eine Antwort, bei der wir uns das Lachen kaum verkneifen konnten: "Ick habe ,Ihnen' doch jesagt, den Hut nehm ick ab, wenn Se wat jeleistet haben." Danach habe ich Scholli meine Freundin Beate vorgestellt.

Er hat sie lange wohlgefällig angesehen, ihr die Hand gegeben und ... dann hat er den Hut abgenommen. Da war ich unheimlich stolz. Beate und ich sind fröhlich lachend nach Hause gegangen.

Entschuldige, lieber Opa, daß ich Dir von solchen Banalitäten schreibe, während Du mir von den großen Denkern berichtest. Aber Du hast gesagt ich soll aktiv leben, und so ist mein Leben.

Nun hätte ich beinahe Deine Frage, wieviel mir die Liebe hilft, vergessen. Wenn mein Tod, nach einem nur kurzen Leben, der Preis für die Liebe Beates, für die Stunden mit ihr und für die Träume von ihr ist, dann kann ich nur zufrieden sagen, die Rechnung stimmt.

Genügt Dir das als Antwort? Hoffentlich habe ich Dich nicht enttäuscht.


Dein Scholar


•

*Mein lieber Naseweis,*

*aktiv leben soll doch nichts anderes heißen, als mit seinen Gegebenheiten wirklich zu leben. Für Dich sind das Dein Elternhaus, die Schule, Deine Freunde, vor allem Dein Usus und natürlich Beate. Mir Altem genügt ein bißchen Geschichte, ein wenig Philosophie und eigenes Denken.*

*Für uns beide und für alle, die sich im letzten Abschnitt ihres Lebens bewegen, ergibt sich daraus der zweite Gedanke:*

Verwirkliche Dich im ganzen Umkreis Deiner Möglichkeiten, also lebe, liebe, handle und denke.

*Deinem Usus sage bitte, daß es Unsinn ist, sein Hagestolzleben als Äquivalent für die Liebe zu nehmen. Dein Usus wird zumindest von einem Menschen, seiner Haushälterin Berta geliebt, er sollte es nur nicht übersehen. Die Liebe ist etwas sehr Irdisches, man kann sie erleben, erleiden oder erhoffen. Aber die Liebe Gottes ist etwas ganz anderes, etwas Jenseitiges, nicht zu Erfassendes und nicht zu Begreifendes, man kann sie erfühlen oder man muß daran glauben. Dies heißt, wir kommen zum nächsten, viel schwereren Kapitel, zum Jenseits, zum Glauben.*

*Dein Pfarrer will Dir helfen, natürlich mit seinen Mitteln, mit seiner Religion.*

*Du hast mir geschrieben, daß Gott schuld daran sei, daß Du den Tumor bekommen hast und Du deshalb annimmst, daß er nicht immer lieb sei.*

*Die meisten Menschen denken nur dann an Gott, wenn sie meinen, daß er etwas falsch gemacht hat, oder daß er etwas für sie tun müßte. Auf ihre Fähigkeiten, ihre Intelligenz, ihre Geschicklichkeit, ihre*

Verwirkliche Dich im ganzen Umkreis Deiner Möglichkeiten, also lebe, liebe, handele und denke.

künstlerischen Möglichkeiten sind sie eingebildet, fragen aber nicht danach woher sie das alles bekommen haben. Wenn das, was ein Mensch als seinen Besitz in Anspruch nimmt, ihm geschenkt worden ist, dann muß ein Schenkender existieren. Hast Du dabei schon einmal an Gott gedacht?

Aber auch die Naturkatastrophen, das viele Elend auf der Welt, die Krankheiten müssen einen Verursacher haben. Gott?

Wenn wir ihm danken, wenn wir ihn anklagen, müssen wir doch daran glauben, daß es ihn gibt.

Jeder Mensch, spätestens in der Extremsituation der absehbaren Lebensdauer, sucht Gott oder erdenkt sich einen Gott. Nun prüfe, ob der Pfarrer und seine Religion Dir dabei helfen können.

Wir sind am schwersten Kapitel unserer Überlegungen, wer helfen kann, angelangt.

Wer den Tod vor sich sieht, hat Angst; wer Angst hat, sucht Hilfe. Wer an der Grenze der menschlichen Möglichkeiten unser aller Hilflosigkeit sieht, sucht Gott.

Leben kann man ohne Gott, sterben kann man nicht ohne Gott!

Es wäre wunderbar, wenn Dein Pfarrer, oder Deine eigenen Überlegungen, Dein Suchen Dich zu einem Glauben führen könnten. Der Glaube verdrängt die Angst und schenkt die Geborgenheit. Aber glauben mein Junge, ist verdammt schwer. Für mich alten Knaben, der schon von so vielen Gedanken angeknabbert wurde, ist der Glaube im Sinne der Kirche kaum zu erreichen, ich bleibe ein ewig Suchender. Für Dich, einem jungen Mann, besteht aber eine Aussicht. Mit Sorge denke ich an Deine Antwort.

34   Dein noch immer suchender Großvater

## 9. Brief

*Nein, mein lieber Großvater, so geht es nicht!*

*Ich habe Dich gebeten mir zu helfen, ganz einfach zu helfen, ohne Sprüche und ohne Deine klugen Denker. Du hast auch ganz gut angefangen, aber jetzt kommst Du mit Allgemeinplätzen.*
*Ich soll Gott suchen.*
*Du, mein Scheißtumor tut weh. Mir ist oft zum Kotzen zumute. Ich merke, wie ich immer schwächer werde, und Angst habe ich natürlich auch.*
*Dein letzter Brief hat mir nicht geholfen! Allerdings habe ich etwas darüber nachgedacht. Gestern bin ich sogar in den Dom gegangen. Der Prachtbau, der Prunk, das Ritual, das alles ist beeindruckend. Hinterher habe ich meinen guten Pfarrer geärgert und gesagt: „Es ist doch alles nur Theater. Wenn ich jeden Tag in den Dom gehe, werde ich nicht einen Tag länger leben." Seine Antwort habe ich nicht abgewartet, weil mir so fürchterlich schlecht war und die Schmerzen mich noch mehr als sonst gequält haben.*
*Da es mir heute auch nicht besser geht, habe ich nach dem Arzt gerufen, ich brauchte eine Spritze. Jetzt sind ein paar Minuten rum und ich merke, wie es ruhig wird, mir ist noch schwindlig ...*

———

*Hallo Opa, es ist einige Stunden später, es wird eben hell. Im Garten zwitschern die Vögel, wie ich es noch nie erlebt habe. Die Spritze wirkt noch, ich bin schmerzfrei. Die Sonne will auch kommen. Es ist ein phantastisches Morgenrot. Ich sehe wohl zum ersten Male was da alles lebt. Schmetterlinge und Käfer, Bienen und Ameisen, die Blumen wachen auf und öffnen sich zum Licht, die Luft ist* so frisch und so zärtlich und der weite Himmel erscheint mir so nahe zu sein.

Meinem guten Pfarrer möchte ich jetzt sagen, daß der liebe Gott kein alter Mann ist der vergibt oder straft, sondern daß er überall ist, man muß ihn nur sehen. Es ist gut, wenn man das wenigstens zuletzt erkennt; es ist eine gute Hilfe.

Dieser Morgen ist wunderbar, ich bin allein mit all dem was um mich herum lebt, schwirrt, singt, duftet, aber nicht spricht. Vielleicht sieht und empfindet man diesen Teil der Welt erst, wenn man Hilfe braucht. Lache nicht Opa, ich habe eben im stillen gesagt: Vielen Dank lieber Gott!

Verzeihe mir bitte den Anfang dieses Briefes.

Ich soll darüber nachdenken, hast Du geschrieben, wer uns Menschen all das geschenkt hat, wodurch es sich lohnt zu leben. Die Fähigkeit diesen Morgen in sich aufzunehmen, ihn zu sehen und zu hören, ihn zu spüren, das gehört wohl zu diesen Geschenken.

Du lieber Alter hast gesagt, wir beide sind Partner bei der Suche nach Hilfen. Deshalb mein Vorschlag für den dritten Gedanken:

Gebrauche Deine Sinne, um die Herrlichkeit der Welt zu erkennen, zu der Du in Deinem Entstehen und in Deinem Vergehen gehörst.

Jetzt höre ich wie die Menschen aufwachen, leider spüre ich, wie meine Schmerzen wieder anfangen.

Kannst Du auch noch so einen Morgen erleben?

Tschüs, Dein Michel

Gebrauche Deine Sinne, um die Herrlichkeit der Welt zu erkennen, zu der Du in Deinem Entstehen und in Deinem Vergehen gehörst.

*Mein junger Mystiker,*

*ich soll Dir helfen, ohne mir dabei von den Philoso-
phen helfen zu lassen. Aber mein Lieber, so dumm
bin ich nicht. Viele Gedanken, von denen man
annimmt, man sei der erste Mensch, der diese Idee
gehabt hätte, sind von Philosophen schon gedacht
und durchdacht worden.*

*Aber Du beginnst ja jetzt selbst zu denken und
hast schon wieder einen neuen Anfang gemacht.
Natürlich denkt man auf dem letzten Stückchen
Lebensweg immer wieder darüber nach, was nun
kommen könnte. Vergessen wir aber dabei das
Diesseits nicht, weil wir ja noch in ihm existieren
und versuchen, uns leidlich in ihm zurechtzufin-
den. Mit Deinem Erlebnis eines Morgens, eines
Erwachens bist Du wirklich ein Mystiker geworden. Dazu braucht man keine Vorbildung. Ein
schlesischer Schuster hat vor 400 Jahren aufge-
schrieben was Du an diesem Morgen empfunden
hast: „Du wirst kein Buch finden, da Du die göttliche Weisheit könntest mehr inne finden zu for-
schen, als wenn Du auf eine grüne und blühende
Wiese gehst."*

*Vielleicht erkennst Du, daß Mystik ein ganz per-
sönliches Erleben, eine religiöse Grundform, ja
eine persönliche Offenbarung ist. Viele Theologen
und Philosophen, die vergeblich die Wahrheit
gesucht haben, sind am Ende ihres Lebens zur
Mystik geflohen. Die Philosophen steigen mit
ihrem Verstand auf einen Berg, um den Horizont zu
erweitern und sehen ihre Grenzen um so klarer.*

*Die Mystiker freuen sich im Wald an den Bäumen,
auch wenn diese den Himmel verdecken.*

38  *Aber wir zwei, wir müssen mit den Füßen noch auf*

Wenn die Kräfte Deines Körpers schwinden, benutze die Kräfte Deines Verstandes.
Bediene Dich Deines Verstandes, um das Jenseits, die Unsterblichkeit der Seele, vielleicht sogar Gott zu spüren.

der Erde bleiben, wir brauchen dazu noch manche Gedanken, die uns weiterbringen. Wir haben versucht, selbständig über das Jenseits nachzudenken. Es ist derselbe unsinnige Versuch, der schon so oft gemacht wurde, dem wir uns alle nicht entziehen können. Die Unsterblichkeit, die Seele und Gott gehören zu diesem Gedankenkreis.

Die Weltreligionen machen es ihren Gläubigen leicht, denn diese brauchen nur die kirchlichen Dogmen anzuerkennen. Das erspart das eigene Denken und Suchen. Eigenes Denken führt zu Zweifeln. Alle alten Völker haben sich ihre Götter geschaffen.

Für uns ist es nicht einfach, all denen, die sich in Not befinden, zu helfen. Ich versuche es trotzdem mit dem vierten Rat:

Wenn die Kräfte Deines Körpers schwinden, benutze die Kraft Deines Verstandes. Bediene Dich Deines Verstandes um das Jenseits, die Unsterblichkeit der Seele, vielleicht sogar Gott zu spüren.

Also zurück in unsere Welt. Meine kleinen Enkel, drei bis fünf Jahre alt, die Kinder Deiner Tante, haben mich besucht. Wir haben gespielt, Geschichten erzählt und rumgetollt. Beim Abendessen hat meine Enkeltochter in einer Diskussion über die Tanten des Kindergartens, mir meine Grenzen gezeigt: „Opa, halte Dich da mal ganz raus."

Es ist unglaublich, wie Kinder uns helfen können. Sie sind sogar Vorbild. Ein Kind freut sich auf seine Zukunft, auf sein Leben im Diesseits, obwohl es nichts davon weiß. Der Sterbende fürchtet sich vor seiner Zukunft im Jenseits, obwohl er nichts davon weiß. Wer der besseren Zukunft entgegengeht, wissen wir nicht. Bei Dir war es ein herrlicher Morgen,

bei mir waren es meine Enkelkinder, die uns belehrt haben, daß es im Leben bis zum Schluß wunderschöne Dinge gibt.
Also, lieber Partner, nicht nur denken auch sorglos spielen.


*Dein gelernter Großvater*

•

11. Brief

*Mein weiser Großvater,*

*Du spielst mit Deinen Enkeln und gewinnst daraus Erkenntnisse. Aber die Kinder haben es doch besser; denn sie vergessen beim Spielen alles andere, sie leben in der Gegenwart und wir suchen fast immer nach der uns verborgenen Zukunft.*
*Mich hast Du zum Denken geradezu verurteilt. Du schreibst, wenn man nicht schlicht glauben kann oder will, was die Kirche vorschreibt, muß man sich seine Götter selbst erfinden. Alle Deine Denker, Theologen und Mystiker sind doch ohne Ergebnis geblieben. Du verlangst aber mit dem 4. Gedanken, sich des eigenen Verstandes zu bedienen. Wäre es nicht manchmal besser, erst darüber nachzudenken, ob es sich lohnt, darüber nachzudenken?*
*Stelle Dir bitte vor, einer Deiner Philosophen hätte einen Tumor gehabt wie ich. Wahrscheinlich hätte er Gott oder seine Götter verflucht, oder er hätte zu einem Wesen gebetet, das er sich selbst erdacht hat. Auch bei ihm wäre mit Schmerzen, Übelkeit und Angst das Diesseits so intensiv gewesen, daß* 41

ihm keine Zeit für Theorien und Spekulationen übriggeblieben wäre.

Dabei fällt mir wieder Usus ein. Mit Begeisterung war ich oft in seiner Wohnung, habe gekramt, gelesen oder gedöst und geträumt. Seine liebe, alte Berta hat mir viel geholfen. Inzwischen weiß sie, was ich gern esse und trinke und welche Blumen ich mag. Bedeutend wichtiger ist es aber, daß sie viel Zufriedenheit ausstrahlt. Es ist auch schön, daß sie immer da ist. Bei Usus und bei Berta fühle ich mich geborgen. Das ist eine ganz große Hilfe.

Gestern kam Usus etwas verbittert aus der Schule; seine Schüler scheinen ihn wieder geärgert zu haben. Da habe ich ihm von seiner Berta erzählt: „Ihre Welt, Herr Usus, für mich eine ganz neue Welt", habe ich gesagt, „voller Bücher, Bilder und Teppiche lebt erst richtig durch Berta, die von all den Schätzen Ihrer Wohnung wenig versteht."

Usus lächelte.

Er sagte: „Siehst Du, in dieser für Dich bisher undenkbaren Welt erlebst Du, daß Gegensätze gut zusammenpassen können. Ein Stück Deines Lebens verbringst Du jetzt hier und vielleicht ist es für Dich schon eine Ahnung vom Jenseits. Hier bist Du geborgen und hier bist Du frei. Du kannst kommen und gehen, wann Du willst, Du kannst lesen, schreiben, denken oder Dich mit mir unterhalten und Du kannst auch ohne etwas zu tun, einfach dasein. Berta ist dabei eine Hilfe, die man mehr empfindet als daß man sie wahrnimmt."

Berta, die das Gespräch nicht gehört haben kann, erschien ganz leise und brachte zwei Gläser mit Goldrand und eine etwas angestaubte Flasche. Sie lächelte uns an, goß ein und ging murmelnd wieder zur Tür hinaus.

42  Wir tranken fast andächtig, und dann sagte Usus:

*„Hast Du gesehen, wie sie schwebte? Engel können ganz anders sein, als es sich die Künstler vorstellen."*

*Nach einigen Minuten völliger Stille hob er sein Glas: „Auch die Freiheit sieht ganz anders aus als Du sie Dir bisher vorgestellt hast." Er schlürfte genießerisch den Wein: „Du bist jetzt so frei, daß Du sogar mit Deinem Lehrer Wein trinken kannst. Aber alle Freiheit ist verloren, wenn Du Dich nicht in das fügst, das Dir eine göttliche Ordnung bestimmt hat. Dazu gehört auch Deine Krankheit, Deine Wut und Deine Hilflosigkeit."*

*Da mußte ich an Dich denken. Auch Du hast mir schon meine Freiheit begrenzt. Aber Du hast mir von der Freiheit, am Ende des Lebens neue Anfänge zu suchen, gesprochen. Ich habe schon viele gefunden, vor allem die Liebe zu Beate und das selbständige Denken an Gott und an das Jenseits. Ist das jetzt bei Usus schon der Anfang vom Jenseits? Können nicht auch die Götter des Olymp ganz anders sein, als es sich die Griechen vorgestellt haben?*

*Vielleicht hat Zeus so ausgesehen wie Usus.*

*Er hat dann ziemlich unvermittelt zu schreiben begonnen und mich nicht mehr beachtet.*

*Aus dem Bücherregal holte ich mir einen dicken Wälzer über griechische Mythologie und verkrümelte mich in eine Ecke. Der Wein war gut. Die Kreszensen der griechischen Götter müssen ähnlich gewesen sein. Vom alten Fährmann Charon habe ich gelesen, der die Toten über den Hades in die andere Welt geleitet hat. Dieser Charon war aber schweigsam und hat in dieser Welt nie etwas über die andere berichtet, der Schuft!*

*Dann habe ich meinem Usus-Zeus zugeschaut. Er schrieb und die Welt um ihn herum hatte er wohl* 43 vergessen. An die Freiheit habe ich gedacht. Ich könnte Usus stören, ihn etwas fragen, unser Gespräch fortsetzen oder von meinen Gedanken sprechen. Ich habe ihn nicht gestört. Vielleicht ist es eine göttliche Begrenzung der Freiheit, daß mir ein fünfter Gedanke gekommen ist:

Erfreue Dich Deiner Freiheit, denn sie schenkt Dir die Möglichkeit zu handeln und zu reden, ohne die Folgen beachten zu müssen.
Aber füge Dich in die göttliche Ordnung und anerkenne die Grenzen Deiner Freiheit.

Dann bin ich bei Usus in der Ecke eingeschlafen und habe geträumt, Charon hat mich in die andere Welt hinübergesetzt. Usus, meine Eltern, Beate und Du, Opa, Ihr alle ward da und ward doch nicht da.
Vielleicht ist die nächste Welt nur ein Traum.


Gute Nacht, Dein Träumer


•


12. Brief

Mein kluger Träumer,

bleiben wir noch kurze Zeit bei der griechischen Mythologie und beim Träumen.
Die Griechen waren so klug, sich so viele Götter zu erdenken, daß für jede Situation ein Gott zuständig war. Der Gott des Schlafes war Hypnos, der Sohn der Nacht. Wenn Du ein Bild von ihm siehst wirst Du staunend feststellen, daß er ein Jüngling ist. Ein Jüngling mit Flügeln an den Schläfen und

44

Erfreue Dich Deiner Freiheit; denn sie schenkt Dir die Möglichkeit zu handeln und zu reden, ohne die Folgen beachten zu müssen.
Aber füge Dich in die göttliche Ordnung und anerkenne die Grenzen Deiner Freiheit.

Laß Deinen Träumen freien Lauf; in ihnen werden die Grenzen zwischen Himmel und Erde, zwischen Gott und den Menschen aufgelöst. Träumen ist die erste Ahnung vom Jenseits.

*einem Mohnstengel in den Händen, der aus einem Horn den Schlaf ausgießt. Daran siehst Du, wie gut die alten Griechen in unsere neue Zeit passen.*

*Sein Zwillingsbruder ist Thanatos, ein schöner, geflügelter Jüngling mit gesenkter, lodernder oder erloschener Fackel — der Tod —, kein Gerippe, kein Sensenmann, ein Jüngling wie Du, ein Freund.*

*Er kann Dir schon in Deinem nächsten Traum begegnen, dann ist er da und doch nicht da. Deine Träume regen mich zum nächsten Gedanken an:*

Laß Deinen Träumen freien Lauf; in ihnen werden die Grenzen zwischen Himmel und Erde, zwischen Gott und den Menschen aufgelöst.

Träumen ist die erste Ahnung vom Jenseits.

*Den Tod als Jüngling darzustellen, gefällt mir sehr gut. Der Tod, ein Gerippe mit Totenschädel und Sense, kann nur eine Erfindung alter Männer sein. Wer alt wird hat das Sterben viele Male an sich selbst erlebt. Bei sehr alten Menschen kannst Du sehen, was an ihnen und in ihnen schon gestorben ist. Sie kennen den Tod schon lange; er ist ihnen vertraut.*

*Diese Symbole des Todes, ein menschliches Gerippe oder ein Jüngling, sind so unterschiedlich wie das Sterben der Menschen. Die einen klammern sich an den Rest ihres Selbst und an die nur noch spärliche Flamme ihres Lebens. Die anderen sind fähig, gelassen zu sterben.*

*Ein evangelischer Pfarrer hat mir erzählt, daß er mit seiner Frau und seinen Kindern am Sterbebett seiner Mutter saß. Sie haben miteinander gesprochen und gebetet. Die alte Dame ist ganz ruhig in dieser Geborgenheit eingeschlafen. Es sei schön gewesen, sagte er mir, sie ist glücklich gestorben. Und der schlesische Schuster, der Mystiker, von* 47 dem ich Dir erzählte, starb einen friedlichen Tod.

Ich habe mich oft gefragt, ob alt werden nicht eine Strafe der Götter ist. Der alte Mensch sieht schlecht, die Hörfähigkeit läßt nach, die Kraft schwindet, Lern- und Merkfähigkeit gehen verloren, die Potenz endet und Gelenke, Gefäße und Haut sind abgenützt. Man nennt das ein gesegnetes Alter. Wenn ein Greis Kraft und Verstand verloren hat, wenn er seinen Sinnesorganen nicht mehr trauen kann, ist er dann noch er selbst?

Das Kapitel „Alte Griechen" will ich mit der Feststellung eines Weisen beenden: Er war ein Mann von Welt, ein nüchterner Erforscher der Dinge, der am Ende seines Lebens das Sterben seiner Sinne erkannte und als seine letzte Weisheit gesagt hat: „Je mehr ich auf mich selbst zurückgeworfen und einsam bin, desto mehr werde ich zum Liebhaber des Mythos." Und Mythos, lieber Michel, ist nichts als eine Sage, eine überlieferte Erzählung, also etwas Naives.

Wenn große Geister von klugen, scharfsinnigen Versuchen das Jenseits zu ergründen, am Schluß ihres Lebens zu dichterischen, naiven Gedanken zurückkehren, ist das die wahre Weisheit, die Erkenntnis der Beschränktheit des menschlichen Denkens.

Mythen kann man auch erträumen.

Träume von Deinem Zeus-Usus, der liebevollen Zartheit Deiner Mutter und Deiner Beate.


Mal wieder, Dein Sophist


PS.: Deine Briefe habe ich mir noch einmal durchgelesen. Du wurdest in den letzten Wochen reifer.

*Aus dem Lesen, Schreiben, Denken und Träumen*
*soviel lernen, können wir nur in einer Extremsitua-*
*tion. Du bist jetzt sicher reifer und älter als es Dei-*
*nem Geburtsdatum entspricht.*

•

13. Brief

*Grüß Dich, Moses,*

*Deine Gedanken beginnen, mir zu gefallen.*
*Wenn ich sehr starke Schmerzen habe, gibt mir der*
*Arzt eine Spritze. Dieses Teufelszeug beseitigt*
*nicht nur die Schmerzen, sondern bringt auch*
*einen herrlichen Schwebezustand. Zuerst juckt*
*mir die Nase und dann ist alles nicht mehr so*
*wichtig. Ich kann mich dann mit dem Tod, natür-*
*lich nicht mit dem Gerippe, sondern mit dem Jüng-*
*ling, unterhalten. Nur wenn ich ihm die Hand*
*geben will, greife ich ins Leere.*
*Mit meiner Mutter erfinde ich in diesem Zustand*
*wunderschöne Reisen mit unglaublichen oder*
*immer aufregenden Erlebnissen. Es ist alles wie*
*beflügelt. Dann habe ich nicht einmal Angst*
*davor, in ein mir fremdes Land zu gehen.*
*Am schönsten ist es, wenn in solch einer, von allen*
*Quälereien befreiten Zeit, Beate bei mir ist. Wenn*
*sie neben mir liegt, sind wir in einer anderen, nicht*
*zu schildernden Welt. Dann weiß ich nicht mehr,*
*ob ich lebe oder träume, ob ich im Diesseits oder*
*im Jenseits bin. Leider dauert diese Traum-Wirk-*
*lichkeit immer nur kurze Zeit.*
*Es ist doch fabelhaft, daß unsere Medizin uns hel-*
*fen kann, wenn wir verzweifeln wollen. Mein Arzt*
*ist mir sympathisch. Er ist so um die vierzig. Er ver-* 49

sprach, daß ich nicht mehr in eine Klinik muß. Er hat Zeit für mich und berichtet mir von den neuesten Erkenntnissen über Krebs. Seine Medikamente schmecken zwar scheußlich, verursachen Schwindel und sind wahrscheinlich sinnlos. Aber er machte mir klar, daß sie eine Chance für mich sind.

Ist das bei Euch Alten auch so, daß man entgegen aller Vernunft jede Chance ergreift, um dieses Leben zu verlängern? Du schreibst, ich sei reifer geworden, wirklich? Ich zweifle ein wenig.

Ich möchte weiterleben! Verstehst Du mich?

Mein Arzt sagte, das beste Mittel, um mit solcher Krankheit fertig zu werden, ist der Wille. Aber ich kann kaum glauben, daß das reicht.

Natürlich hilft er mir mit Medikamenten und im Notfall mit der Wunderspritze. Beate, Usus, Deine Briefe, das sind Aufputscher für meinen Lebenswillen. Dazu gehören auch noch Gespräche mit dem Arzt. Er erklärt was in mir vorgeht, und berichtet sofort, wenn es neue Erkenntnisse über Tumore gibt. Wir diskutieren dann ohne Mitleid und ohne Gejammer. Er hat mir auch von Erfolgen berichtet, die durch den Willen des Patienten erreicht wurden. Deine Briefe habe ich ihm nicht gezeigt. Er ist wohl nur für das Diesseits da, vom Jenseits versteht er weniger. Der Tod, ob Gerippe oder Jüngling, ist für ihn der Feind mit dem er kämpft. Er ist Praktiker, nicht Philosoph.

Ein Heer von Ärzten macht Versuche, forscht, sammelt Erfahrungen und am Schluß laufen sie doch hinter dem Sarg her. Aber auch wenn's nicht hilft, den Arzt brauche ich, er muß einfach da sein. Er gehört zur Krankheit wie der Pauker zur Schule. 50 Du, Opa, wir Patienten brauchen eine Hilfe, wie wir mit dem Arzt umgehen sollen. Mit fällt dazu nichts ein.

Gestern ist meine andere Großmutter zu uns gekommen. Sie ist alt und schrullig geworden, eine richtige Nervensäge. Sie könnte der Grund dafür sein, daß die Götter keine Großmütter haben. Vater hat uns folgende Gebrauchseinweisung für sie gegeben: Nicht ernst nehmen, tolerant sein und daran denken, daß sie selbst wohl am meisten unter dem Altwerden leidet. Da sie alles vergißt und vieles nicht kapiert, muß man ihr dauernd helfen. Vielleicht ist es gut, daß ich damit wieder eine Aufgabe bekam.

Jung sterben ist scheußlich, alt werden, wie ich es jetzt sehe, möchte ich auch nicht. In der Mitte des Lebens, wenn man vielleicht gerade seinen Höhepunkt erreicht hat, will man bestimmt nicht aufhören. Gibt es denn viele alte Menschen wie Dich, die nicht klagen und der Jugend nachtrauern, die uns Jungen helfen und die die Gelassenheit des Sterbens vorleben? Wenn es stimmt, daß ich in Wochen reifer geworden bin, dann verdanke ich es den Alten wie Usus und Dir.

Es ist schön, daß wir Partner sind!
Aber werde bitte nicht so schrullig wie Großmutter.


Dein Michel


•

*Mein lieber Juniorpartner,*

*Du hast Angst der Alte könnte vertrotteln. Deshalb möchte ich, bevor meine Verkalkung fortschreitet, Deine Aufträge erledigen. Ein Gebot für den Umgang mit Ärzten soll ich finden. Sie unter einen Hut zu bringen, ist nicht leicht. Es gibt Wissenschaftler und Scharlatane, einige üben nur einen Job aus, andere sind Idealisten.*
*Mein siebenter Gedanke meint gewissenhafte, menschliche Ärzte. Wunderheiler und Esoteriker sind ausgeklammert.*

Vertraue Deinem Arzt. Er versucht mit seinem ganzen Wissen und allen seinen Möglichkeiten Dir zu helfen und Deine Beschwerden in den denkbar engsten Grenzen zu halten.

*Ich hoffe, Du bist einverstanden.*
*Du fragst, ob es bei uns Alten auch so sei, daß wir jede Chance ergreifen um das Leben zu verlängern. Es gehört viel Weisheit dazu, das nicht zu machen. Von den Ärzten wird immer verlangt, alles zu tun um das Leben zu erhalten. Das Leben retten! Welch dummer Ausspruch, nur weil man von einem Weiterleben nichts weiß.*
*Nur wenige Menschen lehnen eine Operation, die eine Aussicht auf Verlängerung des Lebens bietet, ab. Kaum ein zum Tode Verurteilter wird die Möglichkeit zu fliehen, ausschlagen wie der berühmte Sokrates.*
*Diesen Brief, lieber Michel, schreibe ich nachts. In einer Nacht, in der meine abgenutzte Wirbelsäule mich daran erinnert was an mir schon alles kaputt ist. Wenn ich Deine Frage an mich selbst richte, möchte ich in dieser Nacht mit einem klaren Nein*

Vertraue Deinem Arzt. Er versucht mit seinem ganzen Wissen und allen seinen Möglichkeiten Dir zu helfen und Deine Beschwerden in den denkbar engsten Grenzen zu halten.

antworten. Ich habe versucht, natürlich zu leben und möchte ebenso natürlich sterben.

Verstehe mich bitte nicht falsch, denn dieses Nein zum Ergreifen jeder Chance, um das Leben zu verlängern, bedeutet nicht, daß ich sterben will. Wir Alten haben immer noch Pläne und Wünsche, auch dann, wenn unsere Zeit abgelaufen zu sein scheint. Der Wille zu leben, der Wille gesund zu werden, ist für alle Menschen eine elementare, lebenserhaltende Kraft. Aber das Leben bei uns alten Menschen muß den Tod neben sich dulden. Der Name Gevatter Tod gefällt mir. Der Gevatter kann ein Onkel, ein Pate oder einfach ein Freund sein, auf alle Fälle ist er nicht tragisch zu nehmen. Wer die Kunst beherrscht, auch dann, wenn der Tod immer näher kommt noch zu lachen, der verlängert sich den lebenswerten Teil des letzten Abschnittes.

Meine Methode, sich gelegentlich mit den „Himmlischen" zu unterhalten, nicht allzu ernst und ohne beleidigt zu sein wenn man nicht weiß ob sie geantwortet haben, werden nicht alle Menschen in unserer Situation akzeptieren. Gedanken sind wie bunte, trillernde Vögelchen, an denen man seine Freude hat. Die Angst ist dagegen wie eine dicke, schwarze, krächzende Krähe, die an die Schattenseiten des Lebens erinnert. Setze Dich mal ans Fenster und lasse die fröhlichen Gedanken hinausflattern und schaue ihnen zufrieden nach, wenn sie wie sonnendurchwebte Schmetterlinge in den blauen Himmel tanzen. Der krächzenden Krähe, Deinem Tumor, wirst Du dann kaum noch Beachtung schenken. Poetisch zu werden, kann in fast jeder Situation helfen, weil danach sogar das Arbeiten leichter sein kann. Laß uns wieder an unsere Aufgabe denken.

Über Eltern und Arzt haben wir nachgedacht, über den Pfarrer bisher nur wenig. Meine Erfahrungen mit Theologen im russischen Gefangenenlager sind sehr unterschiedlich. Es gab handfeste, weinerliche, helfende und egoistische Diener der Kirche. Von Deinem Pfarrer, der sich wohl viel um Dich kümmert, wüßte ich gerne mehr.

Bringe ihn doch zu Deiner Großmutter, der Nervensäge, und höre gut zu was er mit ihr spricht. Vielleicht lernst Du daraus, mit ihr umzugehen. Es ist gut, wenn man nicht nur erwartet daß einem andere helfen, sondern wenn man selbst helfen kann. Lasse die alte Dame einfach von ihren „alten Zeiten" erzählen, auch wenn sie sich oft wiederholt.

Wenn Dich Dein Tumor quält, dann denke an die alte Wirbelsäule Deines Großvaters. Sie kann auch verdammt weh tun und es gibt nichts zu operieren. Hier sind wir auch Partner.

Ich wünsche Dir möglichst wenig Schmerzen.

Dein Alter

●

15. Brief

Armer Opa,

wir Jungen denken selten daran, daß alte Menschen auch Schmerzen haben. Die Verwandlung meiner Großmutter zur Nervensäge ist anscheinend auch eine Krankheit. Natürlich werde ich versuchen, ob der Pfarrer und ich ihr helfen können.

Du hast recht, wir müssen wieder zur Sache kommen. Den Briefanfang von gestern an Dich habe ich zerrissen. Es war das alte Lied: Schmerzen, Wut, Angst, Fragen nach einem Gott, Schimpfen auf die Philosophen und Deine Weisheiten. Der Doktor sagte der Wille hilft, der Pfarrer hat erzählt der Glaube hilft. Du hast geschrieben Denken hilft und ich habe gemerkt nichts hilft. Das war gestern. Heute geht es mir nicht viel besser, aber unser gemeinsamer Versuch zu prüfen was helfen kann, tröstet mich schon.

Mein alter Pfarrer Benedictus ist ein halber Heiliger. Als ich seinen Namen hörte, fiel mir erst auf, daß seine Sprechweise, seine Bewegungen und oft verklärten Augen anzeigen, daß sein Vater ein Mönch gewesen sein könnte. Vielleicht ist das Loch im Zölibat notwendig, damit es solche halben Heiligen gibt. Er will immer helfen und merkt nicht, daß es mit seinen Mitteln des bedingunglosen Glaubens oft nicht möglich ist. Aber selbst dann, wenn man mit den Dogmen seiner Kirche nicht einverstanden ist, und wenn man nach einer Diskussion überzeugt ist ihn widerlegt zu haben, bleibt etwas von seinem unerschütterlichen Glauben haften. Überzeugender ist er aber, wenn er im Alltagsleben imponiert. Einmal hat er einen Schüler der 8 Tage vor dem Abitur stand, völlig besoffen auf der Straße gefunden. Er hat diesen jungen Mann mühsam in sein Auto gezerrt, ihn mit nach Hause genommen und ins Bett gelegt. Den Vater des Schülers hat er angerufen und gesagt, daß der Junge bei ihm zu einer Unterredung bleiben müsse. Am nächsten Morgen hat er ihn in der Schule entschuldigt und bei einem guten Frühstück hat er nur gesagt: ,,Mach das nicht wieder.''

Ich fand das großartig. Als ich die Geschichte erzählt bekam, ging es mir mal wieder verdammt schlecht. Was der Pfarrer da vollbracht hat, half mir. Wenn ich jetzt über ihn nachdenke fällt mir auf, daß ich ihn brauche und oft hoffe daß er kommt, ja, daß ich auf ihn warte.

Meistens widerspreche ich und streite mich mit ihm, soweit das bei einem solchen Manne möglich ist. Auch wenn ich es mir selbst kaum zugeben will, hat er mir Gott näher gebracht. Also Opa, 2:0 für Dich, auch der Pfarrer hilft mir.

Ohne Usus geht es aber schon gar nicht mehr. Aber der Weg zu ihm fällt mir immer schwerer. Gestern war ich dort, und als ich keuchend ankam, hat Berta Streuselkuchen gebracht. Obwohl ich keinen Hunger hatte, hat mir ihr Meisterwerk geschmeckt.

Usus kam aus der Schule mit Heften unterm Arm. In meiner alten Klasse hatte er eine Geschichtsarbeit schreiben lassen. „Sieh Dir einmal an" sagte er, „was die abgeliefert haben." Die Arbeit war eine ganz simple Sache, auf drei Fragen sollten kurze Antworten gegeben werden. Die erste Frage lautete: „Gab es für Friedrich den Großen Gründe, die Schlesischen Kriege zu beginnen?" Eine interessante Antwort war dabei: „Ja, Friedrich hatte von seinem Vater, dem Soldatenkönig, die langen Kerls geerbt." Nicht weniger treffend war eine Beantwortung der zweiten Frage: „Welche Leistungen Friedrich des Großen sind neben seinen Kriegen wichtig?" Antwort: „Sein Flötenspiel."

Am meisten haben wir über eine Antwort auf die dritte Frage: „Wer waren im Siebenjährigen Krieg die Kriegsgegner Friedrichs des Großen?" gelacht: „Die Weiber, die Kaiserin von Österreich, die 57

Zarin von Rußland und die Maitresse von Frankreich."

Usus und ich hatten einen Riesenspaß, so gelacht habe ich lange nicht mehr. Der Heimweg fiel mir wesentlich leichter als der mir so beschwerliche Marsch zu Usus.

Können wir nicht das Lachen in unsere Ratschläge einbauen? Man lacht ja selten allein, daher müßte in diesem Vorschlag auch stehen, daß man sich Menschen suchen soll mit denen man lachen kann.

Übrigens habe ich gemerkt, daß auch das Aufschreiben von Erlebnissen und Gedanken eine wunderbare Ablenkung ist. In diesem Brief habe ich von meinem Pfarrer und Usus erzählt und von den Ergebnissen einer Klassenarbeit berichtet. Alle drei Punkte haben mir gut getan. Die Vorschläge meiner drei Helfer habe ich exakt befolgt: Der Doktor hat gesagt „der Wille hilft", er meinte bei der Heilung. Aber der Wille, sich nicht hängen zu lassen, hilft auch.

Du hast mir zum Denken geraten. Manchmal raucht mir schon der Kopf, aber es hilft. Der Pfarrer hat den Glauben gepredigt. Vielleicht lerne ich das auch noch. Ich habe den Eindruck, daß ich dem Glauben näher komme je schlechter es mir geht.


Dein Michel

·

Mein lieber Märchenerzähler,

die Situation hat sich verändert: Deine Briefe vertreiben mir die Schmerzen und die dummen Gedanken. Alles, was ich Dir erzähle, sind nur Anregungen für Dich aus denen Du selbst etwas machen kannst. Vielen Dank für Deine Berichte über den Pfarrer und Usus.

Dein so erfreulich aktives Leben hat zu Deiner Freundschaft mit Usus geführt. Bei Klassenarbeiten stehst Du nun auf der anderen Seite. Du brauchst keine Arbeit mehr zu schreiben und ängstlich auf die Note zu warten; Du kannst die Werke Deiner Klassenkameraden lesen und, wie Du siehst, Deine Freude daran haben. Die Jungs haben übrigens mit ihren Antworten recht.

Dein Pfarrer ist nicht der Sohn eines Mönches. Er muß in einem frommen Elternhaus aufgewachsen sein und eine kluge und gütige Mutter gehabt haben.

Aber selbst solche Mütter können als Großmütter zu Nervensägen werden. Bringe der alten Dame bei, wieder zu lachen. Mir erscheint das Lachen noch mehr ein Geschenk der Götter an die Menschen zu sein als es die Sprache ist. Zu einer unserer Maxime können wir das Lachen nicht erheben. Man lacht nicht, weil man soll, sondern weil es die Situation ergibt, weil es sehr schön ist, zu lachen und weil man manchmal einfach lachen muß.

Die griechischen Götter haben gelacht, die christlichen Heiligen machen alle ernste, betretene Gesichter. Schade! Nach unserem Programm sollten wir uns mit der Mythologie der Griechen noch einmal befassen. In dieser Götterlehre wird die Frage der Menschen nach dem Woher und Wohin

59

selbstverständlich auch gestellt. Vom Anfang der Dinge gibt es mehrere Darstellungen. Am überzeugendsten ist die Erzählung von Hesiod, einem Bauern und Dichter: Zuerst entstand das Chaos, ein leeres Gähnen und danach Gaia, die Erdgöttin. Sie gebar Berge und Meere und Uranos, den gestirnten Himmel. Später kam der Himmelsgott in der Nacht zur Erdgöttin und befruchtete sie. Unter der Herrschaft ihres Sohnes, des Kronos, gab es ein goldenes Zeitalter in dem Honig aus den Eichen floß. Nachdem Zeus die Titanen besiegt hatte, brachte er Kronos auf die Insel der Seligen.

Sind das nicht wunderschöne Gedanken? Eine Göttin gebar die großen Berge und das schäumende Meer. Der Himmelsgott und die Erdgöttin zeugten die Titanen, und Kronos wurde nach seiner Herrschaft im goldenen Zeitalter auf die Insel der Seligen gebracht.

Für uns muß ich noch Nyx, die Göttin der Nacht, erwähnen, vor der sogar Zeus eine heilige Furcht empfand. Die Göttin der Nacht ist Dir und mir vertraut, weil uns Hypnos, der Gott des Schlafes, oft verläßt. In den Riesenschoß der Urnacht legte Nyx ein silbernes Ei, und aus ihm kam Eros der Liebesgott, der den Geist aller Götter und Menschen beherrschte.

Neben den Göttern stehen die Schicksalsgöttinnen, die Spinnerin, die, die das Los zuteilt und die Unabwendbare die den Lebensfaden zerschneidet. Wenn ich nachts schreibe, zum Beispiel einen Brief an Dich, sind sie alle bei mir. Die Göttin der Nacht umfängt mich, der Liebesgott flüstert mir Geist und Gedanken zu, der Schlafgott lächelt im Hintergrund und das leise Surren des Spinnrades der Schicksalsgöttinnen lockt mich wie ein zartes Harfenspiel in das unerkennbare Jenseits.

60

Halte Dich mit Deiner Krankheit und Deinen Schmerzen nicht für den Mittelpunkt der Welt. Schöpfe Deine Möglichkeiten aus.

*Wenn Du in eine solche Nacht hineinlauschst, wirst Du die Hilfe der Götter spüren. Du wirst staunen und bescheiden werden und Dich selbst mit dem Dir unverständlichen Schicksal aussöhnen.*
*Ich glaube, hieraus ergibt sich von selbst unser nächster Gedanke.*

Halte Dich mit Deiner Krankheit und Deinen Schmerzen nicht für den Mittelpunkt der Welt. Schöpfe Deine Möglichkeiten aus.

*Und jetzt bist Du dran, unser Thema auszubauen. Vergiß nicht, daß das mystische Licht der Mondgöttin von der strahlenden Helle des Sonnengottes abgelöst wird. Nimm Anteil an Deiner Welt. Ich tue es natürlich auch.*
*Gestern hatte ich Gäste. Kluge und schöne Frauen, interessante Männer und Logos, das ist die Redekunst, der Geist und der Verstand. Wir alle saßen bei einem Glas Wein und haben die Zeit vergessen. Hoffentlich gelingt es Dir oft, ob mit Göttern oder Menschen, einer schönen Gegenwart zu leben.*

*Dein versponnener Alter*

●

17. Brief

*Du alter Gauner,*

*so ganz versponnen bist Du wohl auch nicht. In der Gesellschaft interessanter Menschen, vor allem schöner Frauen, einen guten Wein zu genießen, das heißt mitten im Leben zu bleiben.*

*Meine Wirklichkeit ist leider deutlich einge-*
*schränkt. Zwar habe ich mit meinen Freunden*
*Skat gespielt, meiner Mutter zugehört und es wun-*
*derschön gefunden, wenn Beate bei mir war. Aber*
*das Haus zu verlassen ist kaum noch möglich. In*
*meine ,,andere Welt" zu Usus kann ich auch nicht*
*mehr gehen. Ich habe mich aber sehr gefreut, als*
*mich der Engel Berta besucht hat. Sie hat mir einen*
*Streuselkuchen gebacken und fand es ganz nor-*
*mal, mich damit zu versorgen und mir Mut zuzure-*
*den.*
*Diese Natürlichkeit und das so selbstverständli-*
*che Hinnehmen des Sterbens hat mir geholfen. Als*
*ich Usus die Geschichte erzählte, hat er es mir auf*
*seine Weise erklärt: ,,Berta vertraut ihrem Gott,*
*führt ein einfaches Leben und erfüllt ganz selbst-*
*verständlich ihre Pflichten. Die Angst vor dem*
*Tode ist in diesem simplen Stickmuster ihres*
*Lebens nicht unterzubringen. ,,Wir", hat er fast*
*gemurmelt, ,,wir sind für diese einfache Form ver-*
*dorben. Alles was wir gelernt, gelebt und gedacht*
*haben, führt zu Erwartungen auf eine uns verbor-*
*gene Zukunft."*
*Ihr Alten, lieber Großvater, könnt so klug reden.*
*Du von den Göttern der Griechen, der Pfarrer von*
*seiner Dreieinigkeit und Usus von dem, was er*
*gelernt und gedacht hat. Aber ich bin doch gerade*
*in dem Alter, in dem man alles besser machen*
*möchte als Ihr. Ich habe mich gegen Ge- und Ver-*
*bote gesträubt, gegen sehr vieles protestiert, meine*
*Flegeljahre hinter mich gebracht, wollte klüger*
*und erfolgreicher werden als Lehrer und Eltern. In*
*den wenigen Jahren, die ich lebte, habe ich mich*
*gegen fast alles aufgelehnt: Also lehne ich mich*
*auch gegen den Abschied auf.*
*Warum bin ich nur so müde?* 63

Du, ich habe wirklich geschlafen. Das passiert mir jetzt oft. Als ich aufwachte, saßen Beate und Usus an meinem Bett. Beate hielt meine Hand und hat mich gestreichelt. Usus hat uns angeschaut. Als er ging, sagte er: „Du könntest glücklich sein, wenn Du mit ihr weiterleben dürftest, aber Du kannst auch so glücklich sein, denn sie wird Dich in Deinen Gedanken und Träumen begleiten."

Beate hat mir lächelnd, es ist sicher das schönste Lächeln dieser Welt, zugeflüstert: „Er hat recht, ich bin auf allen Deinen Wegen bei Dir."

Es war schön; ich wollte mich nicht einmal gegen das Sterben auflehnen. Beate legte mir einen anderen Gedanken nahe:

Erkenne alle Dinge Deines jetzigen Lebens die schön sind, zufrieden oder sogar glücklich machen, damit sie Dich in Deinen Vorstellungen und Träumen in das Jenseits begleiten.

Ist das Sterben als alter Mensch vielleicht doch schwerer als ein Zerreißen des Lebensfadens in jungen Jahren? Meine Großmutter wäre meines Erachtens glücklicher dran, wenn ihr diese letzten Jahre erspart geblieben wären. Napoleon, in der Verbannung mit Magenkrebs, oder der alte Fritz, völlig vereinsamt, das sind auch keine Endphasen die neidisch machen. Wenn ich noch Zeit hätte, würde ich versuchen rauszukriegen, wie die Päpste gestorben sind. Ich glaube nicht, daß ihnen Gott Sonderrechte zugestanden hat. Nur — ich habe Beate!

Gute Nacht ...
Dein gar nicht mehr ganz unglücklicher, aber müder

Michel

Erkenne alle Dinge Deines jetzigen Lebens die schön sind, zufrieden oder sogar glücklich machen, damit sie Dich in Deinen Vorstellungen und Träumen in das Jenseits begleiten.

*Mein lieber, lieber Michel,*

*der neunte Gedanke entspricht dem kategorischen Imperativ, der praktischen Philosophie eines klugen, seine Grenzen kennenden Denkers. Beate, von der ja dieser Gedanke stammt, drückt darin eine Forderung der Vernunft aus. Diesem Gesetz sollten wirklich alle Betroffenen folgen. In unserem zweiten Gedanken, leben, lieben, handeln und denken, scheint es ähnlich zu sein.*

*Bei genauerem Lesen erkennt man den Unterschied; denn, schöne Dinge, Zufriedenheit und Glücklichsein, das sind die weiblichen Gegenpole zum nur Leben, Handeln und Denken.*

*Beate hat recht, denn die Punkte, die sie für das Leben im Sterben hervorhebt, sind sensibler, werden öfter nicht beachtet und sind dennoch — als Begleiter ins Jenseits — von großer Bedeutung. Für mich kam dieser neunte Gedanke gerade zur rechten Zeit; denn mein altes Herz hatte wieder einen Warnstreik angefangen.*

*Ich habe mir überlegt, was in meinem jetzigen Leben, mit all den Einschränkungen die es mir auferlegt und dem immer deutlicher vor Augen stehenden Ende, noch schön ist. Ich habe eine Menge wirklich schöner Dinge entdeckt. An erster Stelle ist mein Bett zu nennen. Jedesmal, wenn ich müde zu ihm zurückkehre, das bin ich leider schon nach geringen Belastungen, empfängt es mich mit seiner umschmeichelnden Gelassenheit in seinen weichen Kissen und Decken. Warum hat man dem Erfinder des Bettes noch kein Denkmal gesetzt?!*

*Von großer Bedeutung für mich ist mein Glas Wein am Abend. Es schmeckt, regt den Appetit an, aktiviert die Phantasie und verleiht sogar dem klappri-*

gen Herzen ein bißchen Elan. Ohne mein Refugium, das ist mein Arbeitszimmer in der hintersten und stillsten Ecke des Hauses, mit meinem Freund dem Schreibtisch, und dem beweglichen, so bequemen Sessel, wäre ich sicher weniger glücklich.

Natürlich gehört auch mein Bücherschrank dazu, in dem ich so gerne stöbere und immer ein Buch finde, das anregt oder tröstet. Der Blick in den Garten mit seiner wechselnden Pracht, ein schön gedeckter Tisch, die Post aus aller Welt und viele alltägliche Dinge, bei denen man kaum beachtet wie positiv sie sind, das alles ist schön.

Dazu gehören auch die Menschen, vor allem meine Felicitas, das heißt das Glück, ohne die ich nicht mehr leben könnte. Sie ist alt, nicht schön wie Deine Beate, streichelt mich nicht und liegt nicht neben mir, aber sie versorgt und verwöhnt mich. Ohne sie könnte ich Beates Forderung, zufrieden zu sein, nicht erfüllen. Wenn ich träume und zurückdenke an mein reiches Leben, erfühle ich manchmal sogar das Glücklichsein. Merkst Du, wie der neunte Gedanke den alten Sophisten aktiviert? Aber nun fehlt uns noch der Zehnte.

Am Lebensende fragt jeder nach dem Wohin. Alle Philosophen und alle Theologen sind daran gescheitert. Wir zwei träumende Spekulierende sollten vor unserem zehnten Gedanken noch einmal über diese Frage nachdenken. Zur Freiheit des letzten Wegestückes im irdischen Leben gehört es, über das Ziel hinausschießen zu dürfen. Viele begnadete Naturwissenschaftler, Gottbesessene, Atheisten oder Mystiker haben versucht, den Vorhang vor dem Geheimnis des Jenseits zu lüften. Nun sind wir dran! Vielleicht finden wir ein winziges Loch im Vorhang.

67

Nutzen wir die Zeit, die Dir der Tumor und mir das klapperige Herz noch übrig lassen.

Bis bald,

Dein Dich liebender Großvater

•

Mein lieber Großvater,

da ich von diesen erhabenen Geisteswissenschaften noch weniger verstehe als Du, mußt Du das Loch im Vorhang zum Jenseits selber finden. Ich bleibe bei meiner Wirklichkeit.
Die Verhandlungen mit Deinem streikenden Herzen ziehe bitte noch weiter raus. Ich habe Dich um Hilfe gebeten und brauche Dich weiter, also darfst Du nicht vor mir gehen.
Lange dauert es wohl nicht mehr! Mein Doktor ist mit der Spritze sehr zurückhaltend, obwohl meine Schmerzen fast täglich stärker werden. Er hat wohl Angst ich könnte süchtig werden. Mit Morphium eine schmerzfreie, träumerische Endphase zu erreichen, bedeutet doch das lebenswerte Stück zu verlängern, auch wenn der Abschied dadurch vorverlegt wird.
Den Menschen, die mit Sterbenden zu tun haben, müßte man noch viel beibringen. Der Arzt soll das Leben erträglich machen, aber nicht verlängern. Der Pfarrer soll von Gott erzählen, aber nicht auf seiner Gottesvorstellung bestehen. Die anderen Menschen um uns herum sollen nicht von Mitleid reden, aber zeigen, daß sie den Kranken gern

haben. Sie sollen über seine Interessen und sein vergangenes Leben mit ihm sprechen und ihn wie einen normalen Menschen behandeln.

Meine Eltern haben es gut gemeint und mich gestern ins Theater geschleppt, wohl zum letzten Mal. Wenn wir nicht in der Schule über den Hamlet gesprochen hätten, wäre es mir nicht möglich gewesen die Geschichte zu verstehen, weil ich mehrmals zwischendurch eingeschlafen bin. Nun denke ich viel an Ophelia. Welches Leben war denn ihr wirkliches? Als schönes, gesundes, fröhliches Mädchen oder als struppelige Verrückte? Und welches ist mein wirkliches Leben als ganz gut aussehender, nicht dummer, leidlich erfolgreicher junger Mensch oder als schon zerfallender aber bewußt Denkender?

Das Theaterpublikum hat beim Anblick der „verrückten", tanzenden Ophelia vor Mitleid gestöhnt. Für die Schauspielerin die dieses Mädchen dargestellt hat, war die irre Ophelia sicher die entscheidende Szene. Wer mich in meinem jetzigen Zustand sieht, hat sicher auch Mitleid; aber vielleicht ist diese Lebensphase doch die entscheidende. Dieser zerrissene Hamlet — das könnte ich sein, meine zwiespältige, zweifelnde und doch manchmal erkennende Existenz. Diesen Satz hätte ich vor wenigen Wochen nicht schreiben können; ich bin wohl älter geworden.

Bei meiner kleinen zweijährigen Schwester habe ich vor wenigen Tagen erlebt, wie sie ihre Existenz entdeckt hat. Als sie morgens aufwachte, lächelte sie strahlend und zeigte auf ihren Bauch: „Ich!" Hoffentlich fängt sie mit ihrem Ich etwas an und vertrödelt ihr Leben nicht wie so viele. Den letzten Lebensabschnitt verschenken die meisten vor lauter Angst und Selbstmitleid. Für meine kleine **69**

Schwester ist es wahrscheinlich gut, daß sie so früh den Tod durch mich kennenlernt. Bisher hat sich für sie kaum etwas geändert: „Michel ist krank" o. k. Nun muß ich bei ihren Puppen „Doktor spielen".

Als ich ihr erklärte, daß ich bald sterben werde, ist sie auf Beates Schoß geklettert: „Wenn Du dann beim lieben Gott bist, erzählst Du uns beiden, wie es dort ist."

Schön, daß Kinder so natürlich leben und keine Ratschläge brauchen, wie wir sie für die Erwachsenen suchen. Mir hat dieses quicklebendige, unbekümmerte Mädchen geholfen, nur manchmal bin ich zu müde, so wie jetzt.

Du siehst Opa, was in mir alles so vorgeht, seitdem Du mir das Denken empfohlen hast. Nur das Schreiben wird mühsamer, deshalb will ich jetzt träumen.

Ich brauche Dich noch!

Dein Michel

•

20. Brief

Mein lieber, nachdenklicher Michel,

Du hast mir etwas Wunderbares gesagt: „Ich brauche Dich noch." Mit nichts anderem kann man bei einem müden, alten Menschen mehr Lebensgeister wecken, als mit der Erklärung, daß man ihn braucht.

Diese Möglichkeit sollten alle, die einen Todkranken betreuen, erkennen und danach handeln. Ich

*habe deshalb mit meinem Herzen gleich neue Tarifverhandlungen aufgenommen. Der Lohn, in meinem Falle die Medikamente, wird erhöht und die Arbeitszeit deutlich verkürzt. Die Laufzeit wird für uns beide ausreichen. Weißt Du, Michel, bei mir ist alles etwas anders als bei Dir.*

*Ich habe keine so scheußlichen Schmerzen wie Du und brauche deshalb keine Wunderspritzen.*

*Die Gegensätze, in denen Du lebst, auf der einen Seite Angst, Schmerzen und Wut, und auf der anderen Seite, nach der Spritze: Aktivität, Glücklichsein oder Träumen, die habe ich nie erlebt. Mir geht es nie „scheußlich schlecht", aber auch nie „glückselig" gut. Mein Zustand ist relativ gleichbleibend erträglich, aber bescheiden.*

*Warum viele alte Menschen dieses klägliche Fünkchen Leben mit allen Mitteln erhalten wollen, verstehe ich nicht immer. Die Angst vieler Sterbender vor dem Tod, den sie nicht kennen, ist wahrscheinlich der Grund, dieses Restchen Leben, das sie kennen, noch zu verlängern. Meine Motivation zum Weiterleben sind meine Aufgaben.*

*Wir beide brauchen dazu unser zehntes Gebot und ich soll das Loch im Vorhang zum Jenseits suchen. Der Tod ist das Hinübergleiten aus den erkennbaren Lebenstagen in die unerforschten jenseitigen Nächte. Entweder wird unsere Seele in ein nicht vorstellbares Leben geführt, oder es kommt das Nichts. Im Nichts können wir Menschen nichts sehen und hören, nichts tasten und riechen. Aber ein Ton, den wir nicht hören ist trotzdem ein Ton, und ein Licht das wir nicht wahrnehmen, ist ein Licht. Erstaunlich ist es, daß alle Menschen die klinisch tot waren, von einem strahlenden Licht berichten.*

*Deine kleine Schwester, lieber Michel, hat in der* 71

ihr noch unbekannten Welt ihre eigene Existenz, ihr Ich entdeckt. Warum sollen wir, nach unserem irdischen Tode, nicht in einem jenseitigen Leben unser Ich neu entdecken können? Ein Paradies mit Halleluja singenden Engeln oder eine Hölle mit des Teufels Großmutter erwarten uns sicher nicht. Die menschliche Angst vor dem Tode ist nur die Angst vor dem Unbekannten. Ist es nicht viel richtiger, neugierig darauf zu sein?

Ich bin in meinem Leben viel gereist, um Land und Leute kennenzulernen; ich wollte immer wieder etwas Neues erleben. Ich war auf das mir Unbekannte neugierig. Natürlich habe ich auch viel gelesen, um aus der Erfahrung, dem Wissen und Denken derer, die das Leben ausgeschöpft haben, und aus den Gedanken der Weisen zu lernen. Im Theater war ich oft, um die Fantasie, die Schöpferkraft und natürlich auch den Unsinn der „kreativen" Erdenbürger mitzubekommen. Mein Lebensweg hat mich auf Höhen und in Tiefen geführt, meist ohne es selbst bestimmen zu können. Begleitet haben mich immer die Sehnsucht nach etwas nicht Vorstellbarem und die Neugierde.

Nun müssen wir beide unsere Sachen packen, das heißt, unsere Gedanken, Hoffnungen und Träume, um eine weite, große Reise anzutreten. Die Träume, Kleiner, sind das winzige Loch im Vorhang zum Jenseits. Aber unsere Träume entfliegen uns wieder in das unendliche Blau des Himmels, ehe wir sie fassen können. Uns Menschen bleibt nur die Neugierde auf dieses Unbekannte, nicht zu erfassende Jenseits. Um es freudig zu erwarten, ihm freudig entgegenzugehen, dazu brauchen wir Hilfe.

Alle, die darüber nachgedacht haben, sind zu der
Erkenntnis gekommen, daß wir Menschen einen

Glaube daran daß es einen Gott gibt. Mit den Möglichkeiten die dem Menschen gegeben sind, ist Gott weder erkennbar, noch erklärbar. Nur der Glaube an einen Gott gibt dem Sterbenden Gelassenheit und Geborgenheit.

überirdisch Höheren, ein Absolutes, einen Gott brauchen. Aus uns selbst heraus, aus einem „Übermenschen" erreichen wir dieses Ziel nicht. Deshalb der zehnte Gedanke von einem einsichtig gewordenen alten Ketzer.

Glaube daran daß es einen Gott gibt. Mit den Möglichkeiten die dem Menschen gegeben sind, ist Gott weder erkennbar, noch erklärbar. Nur der Glaube an einen Gott gibt dem Sterbenden Gelassenheit und Geborgenheit.

*Nach dieser schweren Geburt muß ich meinem angegriffenen Herzen seine Pillen geben und ihm Ruhe gönnen, damit es durchhält.*

*Schlaf gut, Dein*

*immer neugieriger Großvater*

*PS.: Es ist mitten in der Nacht. Ich weiß nicht genau was mit mir ist, bin ich wach oder schlafe ich? Ich denke an die satte Überheblichkeit der Philosophen und an die tröstende Zartheit Deiner Beate; vielleicht ist sie bei Dir.*
*Ich träume und sinniere.*
*Die nach Erkenntnis verlangende Klugheit des Philosophen sucht die erleuchtende Wahrheit. Aber die hinkende Beschränktheit der menschlichen Sinne läßt ihn nur die verschleiernde Unfähigkeit erkennen. Da helfen ihm die lächelnde Weisheit und die gütige Zufriedenheit und zeigen ihm ein Bild der verborgenen Wahrheit, die unendliche Schönheit.*

74    *Grüße Deine Beate!*

*Du, lieber Großvater,*

*nachts aufwachen, halb träumen und halb denken — das ist wie halb Diesseits und halb Jenseits. Beate war wirklich bei mir; sie ist jetzt fast immer da. Über Dein Postscriptum hat sie sich gefreut. Viele Grüße von ihr.*

*Du, ich trete vielleicht bald die große Reise an, Du hast mich neugierig und sehnsüchtig gemacht.*

*Dank Deines zehnten Rates spüre ich jetzt, daß es einen Gott gibt. Deine Philosophen, alle großen Geister, Denker und Genies, hast Du mir erzählt, haben zum Sterben, wie wir normalen Erdenbürger, einen Gott gebraucht. Ist das nicht schon ein Gottesbeweis?*

*Meinem alten Pfarrer habe ich gesagt: „Ich habe mir nie vorstellen können, daß es Gott gibt, jetzt kann ich mir nicht vorstellen, daß es Gott nicht gibt."*

*Der gute Alte, der von der christlichen Religion bedingungslos überzeugt ist, hat nichts von der Unfehlbarkeit seiner Kirche gesagt. Er hat mir nur lange die Hand gedrückt und geantwortet: „Siehst Du, jetzt hilft Dir Gott."*

———

*Opa, ich habe wieder eine Pause gemacht, denn viel auf einmal schreiben, geht nicht mehr.*

*In der Zwischenzeit habe ich das Fernsehen eingeschaltet und auch ein bißchen geschlafen.*

*Einen Bericht über den schiefen Turm von Pisa habe ich gesehen. Unsinn für mich! Zum Denken hat er mich aber angeregt. Ein Turm kippt um, wenn er nicht auf einem festen Fundament steht. Ein Turm, den man mit seinen Gedanken bis in den Himmel hineinbauen will, braucht auch ein*

75

Fundament. Haben nicht Mythen, Philosophie und alle Religionen auf Sand gebaut?
Eben ist Beate zurückgekommen. Sie war einkaufen. Es ist schön, wenn sie da ist. Sie begleitet mich an die Grenze. Ist diese Grenze das Ziel des Lebens? Drüben müßte es auch eine Beate geben. Ich bin sehr müde!

———

Lieber Herr Großvater meines Michel, von dem ich viel gelernt habe.

Michel kann nicht mehr weiterschreiben; er ist in seiner Traumwelt, in die er mich schon oft mitgenommen hat. Es war wunderbar, ihm helfen zu können. Ich habe ihm vorgelesen und vorgespielt. Ich habe ihm zugeschaut, wenn er mit seinen Schulfreunden Skat spielte und manchmal noch so unbeschwert lachen konnte. Auch über das Sterben haben wir gesprochen.
Es ist schön, daß sich Michel nun nicht mehr gegen den Tod auflehnt, sondern ihn fast neugierig erwartet.
Zum Schluß, Herr Großvater, Ihr mit Michel gemeinsames Finden der zehn Gedanken für Sterbende war sehr, sehr wichtig für seinen letzten Lebensabschnitt.

Von uns, Michel und Beate, ganz herzliche Grüße

Ihre Beate

•

*Liebe Beate, lieber Michel,*

*Euch zwei kann ich gar nicht mehr trennen.*
*Was Du, Beate — jetzt bin ich halt auch Dein Groß-*
*vater -- und mein Michel gemeinsam erlebt*
*haben, zeigt das Zusammenfließen der Gegen-*
*sätze, das Unglück der Krankheit ergab das Glück*
*Eurer Harmonie. Meine Trauer um Michel verbin-*
*det sich mit der Freude über Euch zwei.*
*Wie ein alter Chinese möchte ich mich an das Fen-*
*ster setzen und diese Freude mit beiden Händen in*
*die glitzernden Sonnenstrahlen werfen. Wie zwit-*
*schernde Vögel wird diese Freude zu Euch und in*
*den unendlichen blauen Himmel bis in das Jen-*
*seits fliegen, um Michel dort zu empfangen.*
*Du, liebe Beate, hast mir geschrieben, ich hätte*
*meinem Enkel viel geholfen. Aber was glaubst Du,*
*was Michel mir gegeben hat, vor allem mit den*
*Erzählungen von Dir. Ohne Michels Auftrag, für*
*ihn da zu sein und mit ihm zu denken, wäre ich*
*ihm möglicherweise auf die große Reise vorausge-*
*gangen.*
*Warum gibt es wohl bei den Göttern und bei allen*
*Heiligen keine Großeltern und keine Enkelkinder?*
*Wenn Du mich lobst, Beate — nichts kann der*
*Mensch mehr ertragen als Lob —, dann möchte ich*
*Alter, Euch Jungen noch etwas erklären. Im Alter*
*wird man seinen Lebenswerken immer ähnlicher.*
*Der Komponist seinen Tönen, der Maler seinen Bil-*
*dern, der Bildhauer seinen Plastiken und der Dich-*
*ter seinen Traumfiguren. Ich hoffe, daß ich meiner*
*Traumfigur auch ein wenig nähergekommen bin.*
*Jeder Mensch trägt Zweck und Ziel seines Daseins*
*in sich selbst. Vielleicht war es einer meiner*
*Zwecke, Großvater zu sein.*

Du, lieber Michel, bist in der Endphase des Lebens das geworden, was Du wirklich bist. Viele Menschen wollen sein, was sie nicht sind, und so erscheinen, wie sie sich sehen. Es gehört zu der Freiheit des Sterbenden, auf solche Wünsche zu verzichten.

Du, Michel, und ich Dein Großvater, brauchen uns damit nicht mehr zu belasten.

Du, Beate, die Du Deinem Michel so viel geholfen hast, konntest sicher in dieser Zeit der Gemeinsamkeit erkennen, daß die üblichen Ziele, Wünsche und Hoffnungen des irdischen Lebens nicht die Bedeutung haben, die wir ihnen irrtümlich beimessen.

Nun, mein lieber Enkelsohn, merke ich wieder eine Gemeinsamkeit, ich bin auch müde; das Schreiben fällt mir schwer. Deshalb Euch beiden noch schöne gemeinsame Tage, gute Gedanken und glückliche Träume.

Es ist schön, Beate, daß ich nun noch eine Enkeltochter habe.


Euer Großvater


•


23. Brief

Lieber Großvater,

Michel ist tot.
Wir, seine Mutter, Usus und ich waren bei ihm.
Fast bis zu seinem Ende haben wir miteinander gesprochen. Die Mutter hat ihm auf der Flöte sein Lied, das er schon als Kind geliebt hatte, vorge-

spielt, und als er nicht mehr sprechen konnte, haben wir seine Hände gehalten. Es war wirklich wie ein Einschlafen. Er ist mit einem glücklichen Lächeln gestorben.
Für uns ist es jetzt schwer, für ihn wahrscheinlich leicht.

Verstehe bitte, Großvater, ich kann jetzt nicht mehr schreiben.

Grüße von Michel und alles Gute für Dich und Dein Herz.

Deine Beate

•

## 24. Brief

Michel,

Du hast versäumt Deine Adresse anzugeben. In Deiner jenseitigen Welt ist es wahrscheinlich nicht mehr notwendig das Stück Papier in der Hand zu haben, um einen Brief zu lesen.

Du bist mir nur für eine kurze Zeit vorausgegangen. Mein Herz ist mit meinen Tarifangeboten nicht einverstanden und hat die Verhandlungen abgebrochen. Die Ärzte wollten als Schlichter auftreten und mich ins Krankenhaus schicken.

Du bist Gott sei Dank zu Hause gestorben; und das möchte ich auch. Wir haben vergessen, in unsere Überlegungen einzuschließen, daß man Sterbende zu Hause lassen soll bis der Tod sie holt. Leider sterben. heute die meisten Menschen im Krankenhaus. Die Angehörigen sollten darüber nachdenken!

Michel, ich bin bemüht, bewußt zu sterben. Du weißt, daß ich auf das was kommt, sehr neugierig bin. Vor jeder großen Reise verabschiedet man sich. Die für mein Leben bedeutungsvollen Menschen habe ich zur mir gebeten; sie sind auch alle gekommen. Es war nicht immer gut, denn manche haben sich ungeschickt benommen.

Um diesen letzten Brief an Dich zu schreiben — es strengt mich an — sitze ich noch einmal an meinem unentbehrlichen Schreibtisch, und es steht natürlich ein Fläschchen Wein neben mir. Mein Schreibtisch und ich, wir haben uns geliebt. Seine massive Holzplatte ist mir so vertraut, sie beruhigt mich auch heute. Dieses Prachtstück hat angeblich schon in einem Kloster gestanden und Mönche haben an ihm die Bibel abgeschrieben. Wenn ich mich an ihn setze, begrüße ich ihn selbstverständlich, und wenn ich nichts tue, sagt er mir mit einem deutlichen Vibrieren: Schreibe was. Ist es nicht komisch, daß ich Dir ins Jenseits nicht von Menschen, sondern von meinem Schreibtisch erzähle? Jetzt, gegen Ende meines Lebens, merke ich, daß Freundschaften nicht nur auf Menschen beschränkt sind.

Michel, das Sterben, ob als junger Mensch, wie es bei Dir war, oder als alter Mann, wie ich es erlebe, ist auch eine Kunst. In jedem Menschen schlummert ein Künstler; wir müssen nur lernen dieses Geschenk der Götter zu erkennen.

So sinnlos das ist, ich male mir oft aus, in welcher Form wir uns vielleicht wiedersehen.

80  Für die, die einmal unseren Briefwechsel lesen

Auf dem letzten Abschnitt des Lebensweges sollst Du aufhören eine Rolle spielen zu wollen und erkennen, daß Du nur das bist, was Du selbst aus Dir machst. Nur das ist Dein Ich.

werden, nun noch die Andeutung eines elften Gedankens:

Auf dem letzten Abschnitt des Lebensweges sollst Du aufhören eine Rolle spielen zu wollen und erkennen, daß Du nur das bist, was Du selbst aus Dir machst. Nur das ist Dein Ich.

Dem Wein, den ich eben getrunken habe, sage ich noch danke und nun freue ich mich auf mein altes Bett.

Bis bald, Michel.


Dein Noch-Erdenbürger

•

# Elf Gedanken zum Ausklang

Laß Dir helfen und versuche dabei, Deinen Helfern zu helfen.

Verwirkliche Dich im ganzen Umkreis Deiner Möglichkeiten, also lebe, liebe, handele und denke.

Gebrauche Deine Sinne, um die Herrlichkeit der Welt zu erkennen, zu der Du in Deinem Entstehen und in Deinem Vergehen gehörst.

Wenn die Kräfte Deines Körpers schwinden, benutze die Kräfte Deines Verstandes.
Bediene Dich Deines Verstandes, um das Jenseits, die Unsterblichkeit der Seele, vielleicht sogar Gott zu spüren.

Erfreue Dich Deiner Freiheit; denn sie schenkt Dir die Möglichkeit zu handeln und zu reden, ohne die Folgen beachten zu müssen.
Aber füge Dich in die göttliche Ordnung und anerkenne die Grenzen Deiner Freiheit.

Laß Deinen Träumen freien Lauf; in ihnen werden die Grenzen zwischen Himmel und Erde, zwischen Gott und den Menschen aufgelöst.
Träumen ist die erste Ahnung vom Jenseits.

Vertraue Deinem Arzt. Er versucht mit seinem ganzen Wissen und allen seinen Möglichkeiten Dir zu helfen und Deine Beschwerden in den denkbar engsten Grenzen zu halten.

Halte Dich mit Deiner Krankheit und Deinen Schmerzen nicht für den Mittelpunkt der Welt. Schöpfe Deine Möglichkeiten aus.

Erkenne alle Dinge Deines jetzigen Lebens die schön sind, zufrieden oder sogar glücklich machen, damit sie Dich in Deinen Vorstellungen und Träumen in das Jenseits begleiten.

Glaube daran, daß es einen Gott gibt. Mit den Möglichkeiten, die dem Menschen gegeben sind, ist Gott weder erkennbar, noch erklärbar. Nur der Glaube an einen Gott gibt dem Sterbenden Gelassenheit und Geborgenheit.

Auf dem letzten Abschnitt des Lebensweges sollst Du aufhören eine Rolle spielen zu wollen und erkennen, daß Du nur das bist, was Du selbst aus Dir machst. Nur das ist Dein Ich.

Die Deutsche Bibliothek – CIP-Einheitsaufnahme

**Klose, Werner:**
Bis zum letzten Tag leben, lieben, lernen : Briefwechsel eines
sterbenden Jugendlichen mit seinem Großvater / Werner Klose. –
Stuttgart : Kreuz, 1995
ISBN 3 7831 1368 7

1  2  3  4  5  6        99  98  97  96  95

© Kreuz Verlag Stuttgart 1995
Postfach 80 06 69, 70506 Stuttgart, Tel.: 07 11 / 78 80 30
Umschlaggestaltung: Jürgen Reichert
Umschlagbild: Antonia Simonetti, 1986;
prima piccola passione impenitente
Druck und Bindung: Präzis-Druck, Karlsruhe
ISBN 3 7831 1368 7

## Wenn Kinder sterben:

Wer sich dem Erfahrungsreichtum dieses Buches öffnet, erfährt nicht nur viel von der intuitiven Einsicht der Kinder in das Geheimnis von Sterben und Tod, sondern erhält auch eine Fülle von praktischen Hinweisen für den Umgang mit schwerkranken und sterbenden Kindern. Für alle, die ein sterbendes Kind begleiten oder mit dem plötzlichen Tod durch Unfall, Mord oder Selbstmord von Kindern und Jugendlichen konfrontiert werden, ist dieses Buch eine unschätzbare Hilfe und ein großer Trost.

Elisabeth Kübler-Ross
**Kinder und Tod**
*262 Seiten mit 16 farbigen Seiten, Hardcover*

## Sterbende verstehen lernen:

»Dieses Buch hält nicht nur jedem von uns einen Spiegel vor, indem es uns herausfordert, unsere eigenen Gedanken über Sterben und Tod zu formulieren. Es zwingt uns geradezu die Erkenntnis auf, daß wir alle nur gar zu schnell bereit sind, über den modernen Errungenschaften der Medizin das Eigentliche zu vergessen: den Menschen in all seiner Qual, seinen Ängsten und seinem Recht auf Würde.«

*Niedersächsisches Ärzteblatt*

Elisabeth Kübler-Ross
**Interviews mit Sterbenden**
*231 Seiten, Paperback*

KREUZ: Was Menschen bewegt.

## Das Traurigste,
## was Eltern passieren kann:

Einfühlsam und zugleich offen und direkt spricht Harriet S. Schiff die Probleme an, mit denen sich Eltern eines gestorbenen Kindes konfrontiert sehen. Schritt für Schritt geht sie noch einmal mit ihnen den Weg dieser schrecklichen Erfahrung, vom Tod des Kindes über die Beerdigung, die zunächst unsagbare Trauer, die ersten vorsichtigen Schritte zurück in den Alltag bis hin zur erneuten Teilnahme am aktiven Leben.

Harriet S. Schiff
**Verwaiste Eltern**
*216 Seiten, Paperback*

## Professionelle Sterbebegleitung:

»Kontakt zu Sterbenden ist nicht nur eine Sache von Gefühlen und Empfindungen, sondern genauso eine des Verstehens und des Wissens. Die Praxis braucht sowohl im medizinisch-pflegerischen als auch im kirchlichen Bereich Denkanstöße, damit es mehr und mehr zu einer Sterbebegleitung kommt, die diesen Namen wirklich verdient.«
Der Autor belegt anhand eigener Untersuchungen die dringende Notwendigkeit der Sterbebegleitung und weist über den Ansatz von Elisabeth Kübler-Ross hinaus neue Wege für den Umgang mit Sterbenden.

Werner Schweidtmann
**Sterbebegleitung**
Menschliche Nähe am Krankenbett
*220 Seiten, Paperback*

KREUZ: Was Menschen bewegt.